রক্তিমের নিরুক্তি

বদল! শব্দটা শুনতে খুব সহজ হলেও একটা মানুষ
হুট করেই বদলে যায় না।হ্যাঁ বদলে
যায়,বদলায়।কিন্তু তখনই যখন তার পেছনে থাকে
শত সহস্র কারণ। একাধিক বার ভেঙে
গিয়ে,বারংবার হেরে গিয়ে মানুষ বদলে যায়!পাল্টে
ফেলে নিজে

AF449701

ঋষভ ব্যানার্জী

ISBN 978-93-5610-047-3
© RISHAV BANERJEE 2022
Published in India 2022 by Pencil

A brand of
One Point Six Technologies Pvt. Ltd.
123, Building J2, Shram Seva Premises,
Wadala Truck Terminal, Wadala (E)
Mumbai 400037, Maharashtra, INDIA
E connect@thepencilapp.com
W www.thepencilapp.com

Author biography

ঋষভ ব্যানার্জী,জন্ম বাঁকুড়া জেলার,বিষ্ণুপুর মহকুমার,গোপালনগর গ্রামে।বাবার নাম - সাধন কুমার ব্যানার্জী,মায়ের নাম- জয়শ্রী ব্যানার্জী।কোনোদিন'ই ভাবা হয়নি যে লেখালেখির জগতে প্রবেশ হবে,মূলত পড়তেই ভালো লাগতো।এখন লিখালিখি করা মূল শখ,এছাড়াও ক্রিকেট খেলতে, ফুটবল খেলতে ভালো লাগে।লেখালিখির মধ্যে প্রিয় বিষয়- সাসপেন্স থ্রিলার,প্রেম।'ছন্দের সাথে' প্রথম প্রকাশিত বই।বর্তমানে ২ টি অনলাইন প্ল্যাটফর্মের লেখক।

CONTENTS

রক্তিমের নিরুক্তি

রক্তিম চক্রবর্তী, এই নাম টা স্কুল প্রাঙ্গনে আর আশেপাশে বেশ চেনা জানা হয়ে উঠেছে। স্কুলের মধ্যে বেশ মেধাবী ছেলে আর স্পোর্টসেও বেশ দক্ষ।

তবে তার মধ্যে এসব নিয়ে বিশেষ অহংকার নেই কিন্তু একেবারেই নেয় এটা বলাও ভুল হবে কারণ প্রত্যেকের মনেই একটু হলেও অহংকার থাকে। কেউ সেটা প্রকাশ করে কেউ করেনা। তো রক্তিমের জীবন সাধারণ ভাবেই এগিয়ে চলতে থাকলো,

সাধারণ বাড়ির সাধারণ ছেলে হিসেবে। না প্রেম বা ভালোবাসার দিকে তেমন কোনো টান নেই, তবে একজনকে বেশ পছন্দ। যদিও পছন্দ টা ওর একার না,পছন্দ টা স্কুলের সবার মানে যে মেয়েটি রক্তিমের নজরে লেগেছে সে অন্যদেরও চোখের মধ্যমনি। তাই এবিষয়ে বেশি ভাবে না রক্তিম।

এমনই একদিনে সেদিন স্কুল মিস করে রক্তিম, কয়েকদিন ধরেই খুব ঝড় বৃষ্টি।পরের দিনও বেশিরভাগ কেউ স্কুল আসেনি,তাই রক্তিম ক্লাসে ঢুকেই দেখলো ক্লাস একেবারেই ফাঁকা,ছেলেদের কেউ আসেনি আর

মেয়েদের দুজন। এক ওই যাকে রক্তিম পছন্দ করে আরেকজনকে চেনেই না।

স্যার ক্লাসে আসার পরে যখন পড়া ধরা শুরু হয় তখন রক্তিম গতদিনের পড়ার উত্তর দিতে পারেনা।

-"কাল আসিসনি তো রক্তিম?" স্যার ক্লাস শেষ হওয়ার কিছু মুহূর্ত আগেই জিজ্ঞেস করেন।

-"আসলে স্যার,ঠান্ডা লেগেছিল। আর কাল খুবই জল ঝড় হচ্ছিল।" রক্তিম উঠে দাঁড়িয়ে মাথা নত করে উত্তর দেয়।

-"হুঁ, বুঝেছি তুই এক কাজ কর তৃষার কাছে খাতাটা নিয়ে নে।" বলেই স্যার নিজের ডায়েরি নিয়ে বেরিয়ে পড়েন।

রক্তিম কখনোই মেয়েদের সাথে কথা বলেনা, বলতে গেলে কেমন জানি ব্যতিক্রম একটা অনুভূতি আসে। যেটা খুবই অস্বস্তিকর। তবুও যেহেতু পড়ার বিষয় তাই অনেক কষ্টে গিয়ে তৃষার সামনে দাঁড়িয়ে বলে,"ওই,ওই স্যার বললেন খাতাটা।"

-"হ্যাঁ বুঝেছি, কিন্তু আজ তো খাতাটা আনিনি তুই এক কাজ কর আমার নাম্বার রাখ গিয়ে ম্যাসেজ দিবি আমি সব ছবি তুলে পাঠিয়ে দেব।"

রক্তিম স্থির,"কিন্তু আজ তো খাতাটা আনিনি" এই টুকু বলার সময় তৃষা যে মুখের ভাবভঙ্গি করেছিল সেটা দেখে মুগ্ধতা বিরাজ করেছে রক্তিমের মুখ জুড়ে।

-"কি হলো?" তৃষার প্রশ্নে রক্তিমের ধ্যান ভাঙে। আর নিজে তৃষার দিকে কিভাবে ফ্যালফেলিয়ে তাকিয়ে ছিল সেটা ভাবতেই নিজেরই নিজের মাথায় গাট্টা মারতে মন চায়।

সেদিন ফুল পিরিয়ড হয়নি, যেহেতু ছাত্রছাত্রী কম ছিল তাই।

বাড়িতে গিয়েই রক্তিম একটা "হাই" লিখে পাঠায় তৃষা কে। বেশ চটজলদি রিপ্লাই ও আসে।

সেইদিন শুধু প্রশ্নোত্তর গুলো নিয়েই নেট বন্ধ করে দেয় রক্তিম। এমনিতে খুব বেশি সোশ্যাল মিডিয়া ব্যবহার করে না রক্তিম কিন্তু পরেরদিন আবার কি মনে করে তৃষা কে একটা ম্যাসেজ দেয়।

-"আজ স্কুল যাবি তো?"

রিপ্লাই ও আসে কয়েক মিনিটেই,"হ্যাঁ রে এই রেডি হবো এবার। তুই কি করিস?"

-"এই তো আমিও ব্যাগ ঠিক করছি।"

-"আচ্ছা কর আমি গেলাম বাই, স্কুলে কথা হবে।"

ম্যাসেজ টা পড়েই রক্তিমের কেমন জানি বেশ একটা ভালো লাগা ভাব চলে এলো।

সেদিন স্কুলে গিয়েও কথা হয় রক্তিম আর তৃষার তবে সেটা খুব বেশি না। ধীরে ধীরে সোশ্যাল মিডিয়া তেই আলাপ বাড়তে লাগলো, এমনিই ওদের কথোপকথন

বেশি হতো সোশ্যাল মিডিয়া তেই। তখন কয়েক মাস পেরিয়েছে,সেইবারের এক্সামে একটু খারাপ ফল হয় রক্তিমের।তারপর'ই রক্তিম আবার উঠেপড়ে লাগলো নিজের জায়গা ফিরিয়ে আনার জন্য।পড়াশোনায় মনোনিবেশ করলো বেশ ভালো ভাবেই,আর তাই অনলাইনে তৃষার সাথে কথা বলাটা কমে গেল। আর তার পরিবর্তে স্কুলে গিয়ে আলাপ টা বেশি হতো। এবং এক সময় রক্তিম বুঝতে পারলো যে ও তৃষার প্রতি আসক্ত হয়ে পড়ছে,একদিন স্কুল না এলে মন ছটফট,কথা না বলা হলে মনে উশখুশ আরো নানাবিধ ব্যাপার।ওর বন্ধুরা ও সব বুঝতো,মুখে কেউ কাউকে --"ভালোবাসি" না বললেও দুজনেই বুঝে গিয়ে ছিল যে দুজনেই দুজনকে ভালবাসে।

তাই ধীরে ধীরে ওরা তুই থেকে তুমিতে এসে নামলো।যদিও ওটা রক্তিমের ইচ্ছায়।

ধীরে ধীরে দুটো প্রাণ বড় হতে লাগলো, বড় হতে লাগলো তাদের মধ্যে সুপ্তাবস্থায় থাকা ভালোবাসা।

ধীরে ধীরে একাকী আলাপ বাড়তে লাগলো, গ্রাউন্ডে, কোনো পার্কে,কোনো ঝিলের ধারে। যে ছেলে মা বাবা কে কোনোদিন মিথ্যে বলেনি সে পর্যন্ত মিথ্যে বাহানা করে অজুহাত দেখিয়ে দেখা করতে লাগলো তৃষার সাথে।

এমনই এক পড়ন্ত বিকেলে,ঝিলের একে বারে পশ্চিম প্রান্তে সূর্যাস্ত হবো হবো।তৃষার মাথা রক্তিমের ঘাড়ে,দুইহাতে জড়িয়ে রেখেছে রক্তিমের এক হাত। তৃষা পায়ের জিন্স একটু গুটিয়ে পা গুলো জলে ডুবিয়ে

রেখেছে।আর রক্তিম তাকিয়ে রক্তিম আভা ছড়ানো সূর্যের দিকে।

রক্তিম বলতে শুরু করে,"এই রক্তিম আভা যেমন পৃথিবীর একপ্রান্তে বেশিক্ষনের জন্য না। তেমনি আমিও তোমার জীবনে হয়তো বেশি দিনের জন্য না।"

-"তৃষা এবার রক্তিমের খোঁচা দাঁড়িগুলোতে নাক ঠেকিয়ে আদুরে গলায় বলে,"কেন?"

রক্তিম মৃদু হেঁসে পাশ থেকে একটা ছোট্ট ঢিল নিয়ে ঝিলে ছুড়ে বলে,"কারণ এই সম্পর্কের কোনো নাম নেই!তুমি বলতে পারবে কেন তুমি এভাবে আমার সাথে বসে আছো?"

তৃষা এবার রক্তিমের হাত টা ছেড়ে খানিক্ষণ চুপ থেকে বলে,"হ্যাঁ পারবো, এটা ভালোবাসার সম্পর্ক।ভালোবাসি তোমায়!"

রক্তিমের দৃষ্টি স্থির ছিল এতক্ষন,এবারে তৃষার দিকে ঘুরে তাকায়। তৃষার খুব কাছে গিয়ে ভালোকরে পর্যবেক্ষণ করে ওর মুখমন্ডল কে। রক্তিমের গরম নিঃশ্বাস পড়তে থাকে তৃষার গালে,আবেশে চোখ বুজে নেয় তৃষা। পরক্ষণেই বুঝতে পারে রক্তিম নিজের নাকের সাথে ওর নাক ঘষছে।এক মারাত্মক পরিমান ভালোলাগা সৃষ্টি হয় দুজনের মনে। নিজের ওষ্ঠদ্বয় তৃষার ওষ্ঠদ্বয়ে মেশাতে গিয়েও পারে না রক্তিম।তৃষা এবারে চোখ খুলে দেখে রক্তিম আবার নিজের জায়গায় গিয়ে বসেছে, এটা খুবই বিরক্তিতে ফেলে দেয় তৃষাকে।

"আজ আসছি" বলেই তৃষা বেরিয়ে পড়ে।

অন্ধকারে বসে রয় রক্তিম,ভাবতে থাকে অনেক কিছুই। তবে বাড়ির সবাই চিন্তা করবে ভেবেই বাড়ি ফিরে আসে। মাঝে কয়েকদিন দেখা করেনি তৃষা। ওর সেদিনের কাজ টা পছন্দ হয়নি ভেবেই রক্তিম চুপ করে থাকে।

তবে বেশি দিন লাগেনি তৃষার মন ঠিক হতে, আবার সেই আড্ডা তবে এখন ওরা দুজনেই দুজনকে বলেছে যে ওরা একে অপরকে ভালোবাসে।আর যেহেতু এটা রক্তিমের জীবনের প্রথম ভালোবাসা তাই এটা নিয়ে ও খুবই সিরিয়াস।

একদিন এক বন্ধুর বাড়িতে ওরা তিনজন বসে আড্ডা দেয়, মানে রক্তিম,তৃষা আর প্রবীর।

তো অনেক্ষন আড্ডা চলার পর,প্রবীর কিছু কাজের জন্য বাইরে যায়।

রক্তিমও চলে যাবো বলছিল কিন্তু তৃষা আটকিয়ে নেয়।

তৃষা বসে থাকার সময়, রক্তিম এসে তৃষার কোলে

মাথা রেখে শুয়ে পড়ে।

-"এবার বলো, কি বলছিলে।" রক্তিম তৃষার পেটে নিজের নাক স্লাইড করতে করতে বলে।

-"আমার কিন্তু খুবই হাঁসি পাচ্ছে।" তৃষা কোনরকমে বলে।

-"কেন?কেন?" রক্তিম হেসে জিজ্ঞেস করে।

-"এই রকম করলে হাসি পাবেনা তো কি পাবে!" রক্তিম কে কোল থেকে উঠিয়ে রাগি মুখে তৃষা বলে।

-"আচ্ছা!" তৃষার খুব কাছে,একেবারে সামনে এসে রক্তিম বলে।

তারপর নিজের ঠোঁট দিয়ে তৃষার কপালে একটা চুমু দেয়।

রক্তিম উঠে চলেই যাচ্ছিল,ঠিক তখনই তৃষা রক্তিমের হাত টা ধরে ফেলে।

-"তুমি এভাবে আমার সাথে খেলতে পারো না!" তৃষা খুবই থমথমে স্বরে বলে।

"বুঝলাম না তো।"

-"তুমি বার বার আসো,আমাকে হালকাভাবে ছুঁয়ে দিয়ে যাও!আমি কি মানুষ না?আমার কি অনুভূতি নেই?" তৃষা এবারে খুবই রেগে যায়।

-"আরে কি বলছো তুমি?" রক্তিম কিছুই বুঝতে পারে না।

-"আচ্ছা তোর কি মনে হয় আমি তোকেই কেন বাছলাম?" তৃষা তাচ্ছিল্য করে বলে।

-"তুমি আমাকে আবার তুই দিয়ে বলছো?" রক্তিম বিভ্রান্ত হয়ে জিজ্ঞেস করে।

-"আরে তোকে আমি ভালো বাসিনা,শুধু সেক্স এর জন্য তোর জীবনে আসা। নইলে তো অনেকেই ছিল।" তৃষা অদ্ভুত ভঙ্গিমা করে বলে।

রক্তিম হতবাক,এ যেন বিশ্বাস করার মত না।

রক্তিম তৃষার হাত ধরে বলে,"দেখ মজা করিস না। সব সময় মজা ভালো লাগেনা।"

-"ধুর খান** ছেলে আমি মজা করছি না। যদি রিলেশন এ থাকতেই হয় তবে ইন্টিমেট হতে হবে।"

আর কিছু বলতে পারেনা রক্তিম,হাতের মুঠো আলগা হয়ে আসে।এক গাল হেসে বেরিয়ে পড়ে বাইরে। বুকের ভিতর কষ্ট গুলো দলা পাকিয়ে উঠে আসতে থাকে। এসব রক্তিমের কল্পনাতীত, যাকে এতটা ভালোবাসলো সেই এভাবে বিট্রে করবে ভাবেনি। খুবই বেদনাদায়ক এই রকম ভাবে বিচ্ছেদ। বাড়ি গিয়ে কাউকে জানতে দেয়নি রক্তিম। অনেক ভাবে কয়েকদিন তৃষার সাথে কথা না বলার,কিন্তু না সম্ভব হয়ে ওঠে না। দোটানায় পড়ে যায় রক্তিম, জানে যে তৃষা ওকে ভালোবাসে না কিন্তু ও এমন অভ্যাসে পরিণত হয়েছে যে ওকে ছাড়া থাকাও যাচ্ছে না।গত দুইদিন আগে ওর এক বন্ধু কে বলেছিল একটু খোঁজ নিতে, এবং তার থেকে জানতে পেরেছে তৃষা অন্য একজনকে ভালোবাসে,তবুও কেন জানি একটুও ভালোবাসা কমছে না ওর প্রতি।

এক নতুন দিন,নতুন সব ,শুধু নতুন নই আমরা,আমাদের আশেপাশের পরিবেশ, মানুষজন।

ঘুম থেকে ৯:৪০ নাগাদ ওঠে রক্তিম। কাল অনেক ভাবার পর রক্তিম ঠিক করে ও তৃষা কে বোঝাবে। ওর পক্ষে তৃষা কে ছেড়ে থাকা অসম্ভব,তৃষা ওর জীবনের সাথে এই কয়েক বছরে ওতপ্রোতভাবে জড়িয়ে গেছে।

চট করে তৃষাকে একটা টেক্সট করে দেয়,"পারলে একবার ঝিলের ধারে।"

চুল গুলোকে পেছন দিকে করে, নিজের বিছানা টা একটু ঠিক করে নিয়ে বাথরুমে ঢুকে পড়ে রক্তিম।

সামনে রাখা ব্রাশ আর পেষ্ট এর দিকে তাকিয়ে ব্রাশ টা তুলে নেয়,সামান্য পরিমাণ পেষ্ট লাগিয়েই চালান করে দেয় মুখের ভিতর দাঁতেদের সাথে লড়াই করার জন্য।

ব্রাশ করা হয়ে যেতেই বাইরে এসে একটু প্রকৃতির স্নিগ্ধ বাতাসে নিজেকে মেলে ধরে রক্তিম।জীবনে অনেক ঝুট ঝামেলা থাকলেও এই শীতল,কোমল বাতাস যেন সমস্ত বিষাদভাবনা কে ধুয়ে নিয়ে চলে ওই উত্তুরে,যেখান থেকে তারা কখনোই আর রক্তিমের জীবনে ফিরতে পারবে না,পারবে না ওকে বিরক্ত করতে।

বেশ আনমনেই ভাবছিল রক্তিম,তখনই ফোনের নোটিফিকেশনের আওয়াজ ধ্যান ভাঙিয়ে দিল।

একটা দীর্ঘশ্বাস ফেলে ফোন টা হাতে নিয়ে দেখলো তৃষা ম্যাসেজ দিয়েছে।

-"কটার সময়?"

রক্তিম একটু ভেবে লিখলো,"৪:৩০ এর দিকে এসো,আমি আগে থেকেই বসে থাকবো তুমি এসে ফোন দিও।"

যথারীতি সময় এগিয়ে চললো,রক্তিম নিজেকে যতটা সম্ভব ততটাই সামলে রাখার চেষ্টা করেছে। কারণ জীবনে প্রেম,ভালোবাসা বাদ দিয়েও অনেক কাজ করতে হয়। তাই সমস্ত কষ্ট গুলোকে ধামাচাপা দিয়ে নিজের কাজ করেছে রক্তিম।

বিকেল ৩:৩০--

সময় এগিয়ে আসার সাথে সাথেই রক্তিমের মনে কিছু দুশ্চিন্তার কাঠি নড়ে নড়ে উঠছে।শত-সহস্র চেষ্টার পরেও সেগুলোকে দমিয়ে রাখতে পারেনি রক্তিম।

বিছানায় শুয়ে এপাশ ওপাশ করতে করতেই ভাবে,"যদি তৃষা রাজি না হয়? আমি ওকে ছাড়া তো বাঁচতেই পারবো না!"

আরো নানাবিধ ভাবনার আঁকিবুকি চলতেই থাকে রক্তিমের অশান্ত চিত্তে।

এমন সময় রুমে রক্তিমের মা আসেন,নিবেদিতা দেবী

।রক্তিমকে এমন অবসন্ন মনে শুয়ে থাকতে দেখে তিনি জিজ্ঞেস করেন,"কি রে বাবা কিছু সমস্যা?"

রক্তিম চটজলদি উঠে বসে," না তো মা, সব ঠিক আছে কোনো সমস্যা নেই।"

-"আচ্ছা তুই কি কিছু খাবি,বানাবো?"

-"নাহ,আজ আর ভালো লাগছে না বাদ দাও!"

"আচ্ছা"

আর বেশি কিছু না বলে তিনি বেরিয়ে যান, তারমতে এখন রক্তিম কে কিছু বললেও তার সাড়া পাওয়া যাবে বলে মনে হয়না।

সময় এগোতে থাকে নিয়মমাফিক।৪:৩০ বাজতেও খুব দেরি হয়না।

খানিক আগেই রক্তিম ঝিলের ধারে পৌঁছেছে,ময়না ঝিল বলেই সবাই চেনে এটিকে।এর ও আবার অনেক বড় ইতিহাস।

কিছুক্ষনের মধ্যেই রক্তিমের অপেক্ষার অবসান ঘটিয়ে তৃষা আসে ওখানে।রক্তিম উঠে দাঁড়ায়।

তৃষা কে দেখার পর রক্তিমের মন টা বেশ ভালো হয়ে যায়।

তৃষা কে জড়িয়ে ধরতে যায়,কিন্তু তার মাঝে বাধা হয়ে আসে তৃষার হাত দুটো।থেমে যায় রক্তিম।

-"কি বলবি বল।" তৃষা অন্য দিকে তাকিয়ে জিজ্ঞেস করে।

-"সম্ভব না!"

-"কি সম্ভব না? দেখ ন্যাকামি করার জন্য সময় আমার নেই। যা বলবি জলদি বল না গা*।"

-"তোমাকে ছেড়ে থাকার সাধ্য আমার নেই,তুমি বোঝনা!" রক্তিম বসে পড়ে ঝিলের ধারে। হাতে ছোট ছোট ঢিল নিয়ে ছুড়তে থাকে জলে।

"এসব বলে লাভ নেই,আমি তোকে শর্ত আগেই দিয়েছিলাম।" তৃষা তাচ্ছিল্য করে বলে।

-"তুমি পারবে থাকতে?" রক্তিম তৃষার চোখের দিকে তাকিয়ে প্রশ্ন করে।

-"হ্যাঁ না পারার কি আছে?" তৃষা হেসে উত্তর দেয়।

কথাটা খুবই বাজে ভাবে বুকে গিয়ে লাগে রক্তিমের।

-"আমায় এভাবে ফেলে যেও না তৃষা।" রক্তিম করুণ দৃষ্টিতে তাকিয়ে বলে।

-"এসব ছ্যাবলামো করবি না। আমি আগেই বলেছি সব,শর্তে রাজি না হলে আমারও কিছু করার নেই।"

তৃষা রেগে গিয়ে বলে।

-"এত সহজ না,সম্ভব না। আমি পারবো না।" রক্তিম চিৎকার করে ওঠে।

-"তাহলে আমার পক্ষেও সম্ভব না।আর তোর সমস্যা কি?সমস্যা তো আমার হওয়ার কথা,আমি মেয়ে আমার কোনো সমস্যা হচ্ছেনা তো তোর কি সমস্যা?নাকি তোর

কোনো সমস্যা আছে? সেরকম!" তৃষা খুবই বাজে ভাবে ইঙ্গিত করে কথা গুলো বলে।

রাগে রক্তিমের চোখ মুখ লাল হয়ে যায়,কান্না চলে আসে। কেউ যে এতোটাও নোংরা হতে পারে। কারোর ভাবনা যে এতোটাও জঘন্য হতে পারে তা রক্তিম জানতো না।

-"একটা সম্পর্কে এটুকুই কি সব?" রক্তিম স্থির দৃষ্টিতে প্রশ্ন করে।

সেই দৃষ্টি দেখে তৃষার অন্তরসত্তা খানিক নড়ে ওঠে।

-"আমার কাছে এটাই সব।" তৃষা বলে ওঠে।

-"আচ্ছা, আমি রাজি।" রক্তিম শান্ত কণ্ঠে উত্তর দেয়।

তৃষার চোখ চকচক করে ওঠে,এগিয়ে গিয়ে রক্তিম কে জড়িয়ে ধরে।

-"আমি জানতাম তুমি আমাকে ছাড়া থাকতে পারবেই না।"

রক্তিমের চোখ দিয়ে গড়িয়ে পড়ে এক ফোটা নোনা জল, অতি সন্তপর্নে মুছে নেয়।

তৃষা কে জড়িয়ে ধরতে গিয়েও কেমন জানি একটা ঘৃণা কাজ করে,তাই জড়িয়ে ধরতে পারে না।

রক্তিম কে ছেড়েই তৃষা নিজের ওষ্ঠদ্বয় চেপে ধরে রক্তিমের ওষ্ঠদ্বয়ের সাথে।

সেটা বুঝতে পেরেই রক্তিম এক ঝটকায় সরিয়ে দেয় তৃষা কে।

-"যেটা কখনো করিনি সেটা আমাকে না বললে করবেও না।" রক্তিম শান্ত ভাবে বলে।

-"আচ্ছা" বলেই তৃষা খানিক হতাশ হয়।

-"চলো বাড়ি চলো, অনেক রাত হলো তো।" বলেই রক্তিম এগিয়ে যায়।

বাড়ি ফিরেই আগে প্রবীর কে ফোন দেয় রক্তিম, প্রিয় বন্ধু না হলেও বেশ ভালোই।

-" ভাই বড্ড খারাপ লাগছে!" বলেই একখান দীর্ঘশ্বাস ছাড়ে রক্তিম।

-"কি হয়েছে?তোর মন খারাপ, এটাও কি সম্ভব!"

বলেই হেসে ওঠে প্রবীর।

-"তৃষার চাওয়া পাওয়া গুলো ঠিক না ভাই।"

-" আরেহ, তুই এখনো?আরেহ ভাই ও তোকে ভালোবাসে না। অন্য কেউ আছে।"

-"জানি তো!কিন্তু কি করবো,আমি যে বড্ড বেশিই ভালোবাসি।"

-"যা ভালো বুঝিস কর,আমাকে আর ফোন করবি না।"

-"ভাই শোন!", বলার আগেই ফোন কেটে যায়।

-"জানিনা এর পরিণতি কি! কি এর শেষে।"

খানিকক্ষণ পরেই মা ডাক দিতেই খেতে চলে যায় ও,নাহ এ নিয়ে বেশিক্ষন ভাবার সময় হয়নি। ভাববেই বা কি করে পড়ার গাদা গাদা চাপ মাথায় এসে পড়ে যে।

রাত দু টো, বোধহয়। রক্তিম বিছানায় শুয়ে এপাশ ওপাশ করছে।মনটা যেন কোনোমতেই স্থির রাখতে পারছেনা। শতসহস্র ভাবনা এসে ভর করছে মাথায়।

খানিক ভাবনা চিন্তার পরে উঠে বসে ও। ধীর পায়ে নিঃশব্দে বেরিয়ে যায় রুম থেকে। সামনেই ডেস্কে বাবার রাখা সিগারেটের প্যাকেট।একটা বের করে নেয়।

জ্বলন্ত সিগারেটে জীবনে প্রথম বার ঠোঁট লাগায় রক্তিম!যেহেতু প্রথম বার তাই বুকে ধোয়া টানার সাথে সাথেই কাশি চলে আসে।ধীরে ধীরে ধাতস্থ হয়।

এতটা ক্ষতিকারক এক জিনিস,তবুও এরকম মুহূর্তে কতটাই না শান্তি দেয়।

কয়েক টান দেওয়ার পর মাথা টা বেশ ঘুরিয়ে ওঠে, হালকা আনচান হতে থাকে বুকটা।

রুমে এসে ধপ করে বিছানায় গা এলিয়ে দেয়।খানিকক্ষণ অসুবিধার পরেই ঘুমে ভেসে যায় রক্তিম।

-"রক্তিম,এই রক্তিম ওঠ।"

-"আরে মা আরেকটু শুতে দাও।এই তো ঘুমালাম।"

-"আচ্ছা 10 মিনিটে উঠে আসবি কিন্তু!"

আরেকটু ঘুমোতে দিতে বললেও রক্তিম উঠে পড়ে।

-"ধুর ভাল্লাগেনা, এখনই আবার তৃষার কাছে যেতে হবে।"

রেডি হয়ে নেয় রক্তিম,বাড়িতে অল্প দুটি খেয়েই বেরিয়ে পড়ে ও।

গন্তব্য তৃষার এক বান্ধবীর বাড়ি,আজ নাকি কেউ নেই বাড়িতে।

মিনিট কুড়ির মধ্যেই, পৌঁছে যায় রক্তিম।তৃষাকে একটা ম্যাসেজ দেয় ও। "বাইরে এসো, আমি পৌঁছে গেছি।" কয়েক মিনিটেই দরজা খুলে দেয় তৃষা।

খানিক দাঁড়ায় রক্তিম। একবার নিজের পরনের জুতো গুলোর দিকে তাকায়,এর কারণ কি সেটা ও নিজেও জানে না।

-" ভিতরে আয়, বাইরে কি করবি!"

-"হ্যাঁ..চল।" বলেই ভেতরে ঢোকে রক্তিম।

-"আয়, এদিকে।"

একটা বেড রুমে নিয়ে এসে হাজির করে তৃষা।

রক্তিম আশপাশ একবার চোখ বুলিয়ে নেয়।

-" তুই বস আমি আসছি।" বলেই বেরোয় তৃষা।

-"আচ্ছা!"

খানিকক্ষনের মধ্যেই ফিরে আসে তৃষা,এসে রক্তিমের পাশে বসে পড়ে।রক্তিমের হাত নিজের বক্ষদেশে রাখে তৃষা।

রক্তিমের কেমন জানি লাগছে,দৈহিক মিলনের উত্তেজনা টুকু আছে,তবে মন ঠিক খাপ খাচ্ছেনা এসবে।

এবারে তৃষা নিজের পরনের টি-শার্ট টা খুলে ফেলে।

রক্তিমের সামনে উন্মুক্ত হয়ে পড়ে বক্ষদেশ,তবে আজ কোনো টান নেই,নেই কোনো ইচ্ছা,বিন্দুমাত্র।

-" নাহ,আমি পারবোনা।এভাবে হয় না!" বলেই পিছিয়ে আসে রক্তিম।

-"কিহ, এই মাত্র তো তুই রাজি ছিলিস!" রেগে যায় তৃষা।

-"হ্যাঁ, কিন্তু আমি পারবোনা। চায় না তোর এরকম জঘন্য ভালোবাসা। আমি পারবোনা!" একাধিক বার মাথা নাড়ে রক্তিম। বেরিয়ে আসে বাড়ি থেকে।

তৃষা বিহ্বল চেয়ে দাঁড়িয়ে থাকে।কিছু বলতে পারেনা।

বেরিয়ে এসে দ্রুত পায়ে হাঁটা দেয় রক্তিম। বার বার পিছন ফিরে দেখে, যেন এক বিভীষিকা তাড়া করে আসছে!ঘেমে পরনের শার্ট লেপ্টে যায় গায়ে।

সোজা প্রবীর দের বাড়ি গিয়ে ওঠে, ভেতরে ঢুকেই দেখে প্রবীর কিছু নিয়ে নাড়াচাড়া করছে।

রক্তিম কে দেখেই প্রবীর এগিয়ে আসে।

-" কিরে? এই রকম অবস্থা কেন?"

-"অত বলার এখন সময় নেই,আগে এক গ্লাস জল দে।পরে বলছি।"

-"আচ্ছা,আচ্ছা তুই ঘরে বস।আমি আনছি।"

-"হ্যাঁ জলদি!"

রক্তিম গিয়ে ঘরের ভেতরে বসে।

প্রবীর জল এনে দিতেই পান করে ফেলে রক্তিম।

হাঁপাতে থাকে খানিক,প্রবীর পাশে বসে রক্তিমের পিঠে হাত বুলিয়ে দেয়।রক্তিমের পুরো শার্ট ভিজে গেছে ঘামে।

রক্তিম নিজেকে সামলিয়ে একবার প্রবীরের দিকে তাকায়,দৃষ্টি স্থির।

-" ভাই আমি পারলাম না ভাই, ধরে রাখতে পারলাম না ওকে।পারিনি!" বলেই প্রবীর কে জড়িয়ে কেঁদে ওঠে রক্তিম।

প্রবীর কি করবে খুঁজে পায় না, বাড়িতে লোক আছে তাই দরজাটা লাগিয়ে দেয়।

নিজের খুব কাছের বন্ধুকে এভাবে ভেঙে পড়তে দেখে সহ্য হয়না প্রবীরের। খুব রাগ হয় তৃষার উপর।

-"ভাই রে!" এটুকুই বলতে পারে রক্তিম।শ্বাস টেনে কাঁদতে থাকে এক নাগাড়ে।

-"তুই শান্ত হ ভাই, আমি ছাড়বোনা ওকে।দেখছি আমি।"

-" নাহহ রে নাহ। ওর দোষ নেই,কিচ্ছু বলিস না ওকে।"

প্রবীর অবাক,এত এত কষ্ট দেওয়ার পরও কেউ কিভাবে পারে নিজেকে দোষী বলতে!

কাঁদতে কাঁদতে হাঁপিয়ে ওঠে রক্তিম,কান্নার রেস খানিক কমলেও হাঁপানি রয়েই যায়।প্রবীর হাত বুলাতে থাকে পিঠে।

খানিকক্ষণ পরেই প্রবীর দেখে রক্তিম হাঁপাতে হাঁপাতে ঘুমিয়ে পড়েছে ওর কাঁধেই।

খুব খারাপ লাগে ওর।রক্তিম কে ধীরে বিছানায় নিয়ে শুইয়ে দেয়। ওর পরনের জামা টা খুলে দেয়।

-"কি এমন দোষ করেছে ছেলেটা কে জানে!"

প্রবীর মনে মনে ভাবে।

বেশিক্ষন নয় খানিক পরেই রক্তিমের হাঁচি শুরু হয়ে যায়,প্রবীর বুঝতে পারে হুট করে গরম থেকে ঠান্ডা তে এসেই ঠান্ডা জল খাওয়ার ফল এটা।

তবে ভাগ্যবসত হাঁচি বেশিক্ষন হয়নি,আপনা আপনিই থেমে গিয়েছিল।ঘুম থেকে উঠে রক্তিম নিজেকে

আবিষ্কার করে প্রবীরের ঘরে।প্রবীর ও রক্তিম কে ছেড়ে যায়নি।

ঝটপট উঠে বসে,প্রবীর ও উঠে দাঁড়ায়।

-"আমার জামা টা কই ভাই?" বলেই রক্তিম এদিক ওদিক খোঁজে।

-" আছে দিচ্ছি, শুকোতে দেওয়া ছিল।"

-"দে" বলেই বসে পড়ে রক্তিম, নিজের বড় বড় চুল গুলোর মাঝে আঙ্গুল চালান করে।একদলা কান্না এসে পড়ে মুহূর্তেই!

প্রবীর রক্তিমের জামা টা এনে দেয়,জামা টা নিয়েই ঝটপট বেরিয়ে পড়ে রক্তিম। প্রবীর ডাকা। তেও সাড়া দেয় না।

নিজের পকেট হাতড়ে কয়েকশো টাকা পায়।পঞ্চাশ টাকা বের করে এক প্যাকেট সিগারেট কিনে নেয়।

রাস্তায় একমনে হাঁটছে রক্তিম,দুধারে মাঠ।একবার মাঠের দিকে তাকিয়ে নেয়। এগিয়ে চলে পথ ধরে।রাস্তা টা বেশ ফাঁকা,অনেক হাতড়ে বুক পকেট থেকে দেশলাই খুঁজে পায় ও।

অনেক ভেবে একটা সিগারেট ধরিয়ে নেয়।হেটেই চলেছে,হাতে জ্বলন্ত চারমিনার।

বার বার মুখের কাছে এনেও মুখে নিচ্ছেনা ও।

শেষে রেগে গিয়ে পায়ের তলায় পিসে ফেলে সিগারেটটি কে। বসে পড়ে রাস্তার মাঝেই।ঝকঝকে পরিষ্কার রাস্তা।আবার উঠে দাঁড়ায়।

ও যে নিজে কি করবে এটাই বুঝতে পারেনা।

বাড়িতে এসেই ক্লান্ত শরীরটাকে এলিয়ে দেয় বিছানায়,অতটা ঘুমিয়েও যেন ক্লান্তি কাটেনি।তবে শুয়েও বেশি কিছু হয়না।

ফুঁপিয়ে ফুঁপিয়ে কান্না আসে সবসময়।বালিশ ভিজে যায়।

-"রক্তিম! কি করছিস একা একা শুয়ে?" মা এসে জিজ্ঞেস করে রক্তিম কে।

রক্তিম নিজের চোখের জল বালিশে ঘষে,মুছে নিয়ে।নিজের গলার স্বর সামলে নিয়ে বলে।

-"এই মা ঘুম পাচ্ছে গো বিরাট।" বলেই আবার শুয়ে পড়ে।

রক্তিমের মা এগিয়ে এসে ওর মাথায় হাত বুলিয়ে দিয়ে যান। মা যেতেই ফুঁপিয়ে কেঁদে ওঠে রক্তিম।

বাবা একটু বাইরে তাই, নইলে তো ওর বাবা ওর সঙ্গ'ই ছাড়েন না।একা হতে দেন না।

আর বেশি ভাববেনা রক্তিম,চেষ্টা করে নিজের ক্লান্ত, হেরে যাওয়া শরীর,মন টাকে রেস্ট দিতে।

ওই ভাবেই কেটে যায় সেই দিন।তবে রক্তিমের থমথমে হয়ে যাওয়া টা সবার'ই চোখে পড়ছে।হাজার চেষ্টা করলেও নিজের মিথ্যে হাসি টা টিকিয়ে রাখতে পারছে না এই অসহ্য যন্ত্রণার কাছে।

পরের দিন সকালেই রক্তিমের ফোনে একটা ম্যাসেজ আসে।

-"আমি ভুল করেছি,ক্ষমা করে দিও।আজ স্কুল গ্রাউন্ডে সবার সামনে ক্ষমা চাইবো!"

এটা পড়ে রক্তিম খানিক অবাকই হয়,সাথে খানিক খুশি ও।তৃষা নিজের ভুল বুঝতে পেরেছে এটাই সবচেয়ে বড় কথা ওর কাছে।

সারারাত নির্ঘুম কাটানোর পরেও এই ম্যাসেজ টি পড়ে অনেকটা ফুর্তি চলে আসে রক্তিমের মেজাজে।

মা- বাবা সবার সাথেই খুব হাঁসি,ফুর্তি করে। এবং যত দ্রুত সম্ভব গ্রাউন্ডে যাওয়ার জন্য তৈরি হয়।

তৃষা কে কোন ম্যাসেজ করেনি রক্তিম,ভেবেছে একেবারেই ওখানে গিয়ে যা বলার বলবে। রক্তিম যে ওকে কতটা ভালোবাসে।

নাহ বেশিক্ষন লাগেনি, রক্তিম নিজের শার্টের হাতা গুটিয়ে নিয়ে এগিয়ে চলে।একটু দূরেই বেশ ভীড়।অনেকজন দাঁড়িয়ে,বসে আছে।

তৃষার সামনে গিয়ে রক্তিম দাঁড়ায়,"তোমাকে ক্ষমা চাইতে হবে না।তুমি বুঝেছ এটাই অনেক!" রক্তিম হাসি মুখে তৃষা কে বলে।

-"না ক্ষমা আমি চাইবো।তবে..." তৃষা ইতস্তত করে বলে।

-"তবে?"

-"এখানে এতজন, এতজনের সামনে!" বলেই তৃষা মাথা নামিয়ে নেয়।

-"ঠিক আছে তুমি একটা রুমে বলে দিও পরে,না বললেও অসুবিধা নেই।" রক্তিম বলে।

-"না তুমি চলো আমার সাথে।" বলেই তৃষা রক্তিম কে নিয়ে এগিয়ে যায়।

রুমে ঢুকেই তৃষার হাবভাব যেন পাল্টে যায়,"ইস, ভুল করে ফেললি।"

-"কি?মানে কি ভুল?" রক্তিম খানিক অবাক হয়ে জিজ্ঞেস করে।

-"এই রুমে এসে।এবার আমি যা বলবো সবাই তাই বিশ্বাস করবে।" বলেই তৃষা হাসিতে ফেটে পড়ে।

-"আমাকে চালাকি দেখানোর ফল তুই হাড়ে হাড়ে টের পাবি!" বলেই তৃষা এমন ভাবে দৌড়ে রুম থেকে বের হয়,যাতে যে কেউ দেখলে ভাবতে ওর সাথে খারাপ কিছু করার চেষ্টা করা হয়েছে।

সবার মাঝ খানে এসে তৃষা বলতে থাকে,"জানোয়ার একটা।আমি গেলাম ক্ষমা চাইতে,আর আমাকে বললো এক সাথে রাত কাটানোর কথা।ওর নাকি নুড চায়!"

সবাই বেশ সচকিত হয়ে যায়,রক্তিম কে সবাই চেনে।ও যে এমন করতে পারে এটা অনেকেরই ধারণার বাইরে। তবে যেহেতু একটা মেয়ে বলছে,সেটা ভাবার বিষয়...

-"নাহ! রক্তিম এমন করতেই পারে না।" ভিড়ের মাঝেই কে বেশ বলে উঠলো।

-"তো ও কি মিথ্যে বলবে নাকি?" একটা মেয়ে বলে উঠলো।

এদিকে রক্তিম তখন বিহ্বল ভাবে বাইরে তাকিয়ে।কি হচ্ছে ওখানে সেটা আঁচ করার চেষ্টায়।

আর তৃষা নিজের মেকি কান্না কেঁদেই চলেছে।

-"কোথায় রে ও?" একজন তৃষা কে জিজ্ঞেস করে।

-"তৃষাও হাঁপিয়ে ওঠার নাটক করতে করতে উল্টো চেয়ে রক্তিমের দিকে আঙ্গুল উঁচিয়ে ধরে।"

-"কি হয়েছে?" রক্তিম এগিয়ে এসে জিজ্ঞেস করে।

-"কি হয়েছে!এখন তুই তো এটাই জিজ্ঞেস করবি!চরিত্রহীন কোথাকার।"

-"দেখো এসব নাটক করে লাভ নেই আর।এরা সবাই জানে যে.." রক্তিমের পুরো কথা শেষ হওয়ার আগেই

একজন বলে ওঠে,"আমরা সবাই নতুন ভাবে জানলাম যে তুই মাগী বাজ হয়েছিস!"

রক্তিম ঘুরে তাকায়, দৃষ্টি স্থির।যে কথাটা বলেছিল সে মাথা নামিয়ে ফেলেছে।

রক্তিম এগিয়ে গিয়ে ওর কাঁধ চাপড়ে বলে,"যদি এই চিনে থাকিস তাহলে আমিও আর কিছু প্রমান করবো না।" হাসি মুখে চলে যায় রক্তিম।

রাস্তায় উঠে এসে একবার চোখ ফিরিয়ে দেখে,নাহ ওর এই মানুষ টার কাছ থেকে এই ব্যবহার আশা করেনি।

কথাটা বলাবাহুল্য ছাত্রদের মধ্যেই সীমাবদ্ধ ছিল।

হ্যাঁ একটা পরিবর্তন হয়েছিল।

সেটা হলো রক্তিম নামটা হারিয়ে গিয়ে সেই জায়গায়।মাগীবাজ,চরিত্রহীন,অমানুষ,বিশ্বাসঘাতক।এস ব জুড়ে ছিল।

চোখের কোনে জমা জল টুকু মাটিতে পড়তে দেয় নি।যত বার গড়িয়েছে সেটুকু মুছে কপালে ঘসেছে।যেন এটাই ওর বিজয়ী হওয়ার তিলক।যেন অশ্রুজলেই নিজের ভাগ্যের সমস্ত কাটার অস্তিত্ব মুছে দেবে।লেশ মাত্র রাখবেনা।

এর পর যা ঘটেছিল সেটা ছিল বেশ বিস্ময়জনক।

বেশির ভাগ বন্ধুদের সাথেই ও সম্পর্ক খারাপ হতে শুরু করে।পথে ঘাটে অনেক বন্ধুরাই নানান নামে ডাকতো তবে সেটুকু তে দমে যায়নি রক্তিম।

বন্ধ ঘরে ঘন্টার পর ঘন্টা কাটানো।এই পরিবর্তন রক্তিমের মা বাবা দুজনেই আঁচ করতে পারে।

এত ফুর্তিবাজ একটা ছেলে যেন নিমেষেই মূর্ছা যাওয়া ফুলের মত হয়ে যায়।

তবে তার পর থেকে রক্তিমকে কেউ হাসতে দেখেনি।সারাক্ষন নিজে হেসে বন্ধুদের হাসানো ছেলেটার হাঁসি হারিয়ে যায় চিরতরে।

একটা বড় সড় আঘাত হানে ওইসব নামে ডাকা,বন্ধুদের খিল্লি ওড়ানো।তারপর একরাতে...

বেশ নিস্তব্ধ চারিদিক।এরই মাঝে একটা ফুঁপিয়ে কান্নার আওয়াজ আসছে।

ঘরের ভেতর রক্তিম দেওয়ালের এক কোণে বসে একবার করে ফুঁপিয়ে উঠছে।আবার চোখের জল মুছে নাক টেনে খানিকক্ষণ স্থির দৃষ্টিতে সামনের দিকে তাকিয়ে।

আবার ফুঁপিয়ে কেঁদে উঠছে।এবারে আর আটকে রাখতে না পেরে জোরে কেঁদে ওঠে।পাশে রাখা সিগারেটের প্যাকেট।কিনা হলেও খাওয়া হয়ে ওঠে নি।ও ঠিক পারেনা।প্যাকেট টা ছুড়ে মারে সামনে আয়নায়।

রাত তখন প্রায় ১টা,চোখের জল মুছে ফোন টা খুলে শ্রেয়ার নাম্বার খুঁজে রক্তিম।পেয়েও যায়।বেশি না ভেবেই ফোন দেয়।শ্রেয়া জেগেই ছিল।রক্তিমের ফোন দেখে তৎক্ষণাৎ তুলে।

-"শ্রেয়া?" রক্তিম খুবই থমথমে কণ্ঠে বলে।

-"হ্যাঁ গো আমিই,কিন্তু রক্তিম দা তুমি!এত রাতে!কিছু সমস্যা?" শ্রেয়া রক্তিমের চেয়ে ছোট।

-"কাল দেখা করতে পারবি?তোকে আমার খুব প্রয়োজন রে।" বলেই রক্তিম ফোন রেখে দেয়,শ্রেয়া কে কিছু বলতেও দেয় না।

খানিকক্ষণ পরে শ্রেয়া ম্যাসেজ দেয়,"কোথায় দেখা করবো?"

রক্তিম ঠিকানা জানিয়ে দেয়।শুকিয়ে যাওয়া চোখের জল মুছে জানলার কাছে এসে দাঁড়ায়।

অনেক্ষন কাঁদার ফলে খুব ক্লান্ত লাগছে ওর।আকাশে পূর্ণিমার চাঁদ টার দিকে তাকিয়ে বিছানায় এলিয়ে দেয় শরীর টা।

ক্লান্ত থাকার দরুন শীঘ্রই ঘুমের দেশে তলিয়ে যায় রক্তিম।

পরের দিনে রক্তিম ওখানে পৌঁছেই দেখে শ্রেয়া বসে আছে।এগিয়ে যেতেই শ্রেয়া বলে,"বসো"।

-"মূল কথাটা বলি।বেশি ঘোরাব না।"রক্তিম বলে।

-"হ্যাঁ হ্যাঁ বলো তুমি।"

-"দেখ আমার তোকে পছন্দ।ভালোবাসি তোকে।"

শ্রেয়া এটা শুনে খানিক অবাক হয়ে যায়,কিছুক্ষন চুও করে থাকে।

-"হুট করেই এভাবে,মানে..." পুরো কথাটা সম্পুর্ন করার আগেই রক্তিম ওকে থামিয়ে দেয়।

-"রাজি কি না বল!বাকি আর কিছু শুনতে চাই না।"

-"আমাকে একটু সময় দাও।আমি কাল বলছি।" বলতেই,"আচ্ছা কাল বলিস" বলেই রক্তিম উঠে পড়ে।

-"একি তুমি বসবে না?" শ্রেয়া রক্তিমের দিকে তাকিয়ে বলে।

-"না রে কাজ আছে।কাল জানিয়ে দিস।"বলেই রক্তিম বেরিয়ে পড়ে।

-"আচ্ছা।"খুব মৃদু স্বরে বলে ওঠে শ্রেয়া।

রক্তিম বেরিয়েই প্রথমে যায়,নদীর দিকে।বেশ মনোরম জায়গা ওখান টা।

ফুরফুরে বাতাস,সাথে দু একজন বন্ধু থাকে বেশ লাগে।

পৌঁছতেই দেখে রাজ বসে আছে।গিয়ে ধীরে রাজের পাশে বসে।রাজ একবার তাকায় ওর দিকে।

-"কি খবর?দেখা সাক্ষাৎ নাই কেন রে?" বলেই রাজ আবার নদীর দিকে মুখ ঘোরায়।

-"এমনিই রে ভাই,বাদ দে।এখন এখানে একটু শান্তি পেতে দে।" রক্তিম একটা দীর্ঘশ্বাস ছেড়ে বলে।

-"তুই কবে থেকে চুপচাপ থাকতে পছন্দ করিস?" রাজ জিজ্ঞেস করে।

-"জানিনা তবে এখন চুপ থাকতেই বেশি ভালো লাগে।"

-"আচ্ছা।"

ফোন টা বের করে রক্তিম একবার তৃষার ছবির দিকে তাকায়।তারপর ডিলিট করে দেয় ছবিটা।

বিকেল গড়িয়ে সন্ধ্যা নামে,বাতাসের বেগ ও যেন বাড়তে থাকে।রক্তিমের বড় বড় চুল গুলো হাওয়ায় খেলতে থাকে আনমনে।

রক্তিম সব সময়'ই বড় চুল রাখতে পছন্দ করে।বাড়ির অনেক বলা সত্ত্বেও ওটা ছাড়তে পারেনি।গালের দাড়ি গুলোও সবে মাত্র বেরিয়েছে।

বাবার ফোন আসতেই ধ্যান ভাঙে রক্তিমের,ফোন ধরে।

-"কোথায় আছিস এখনো?বাড়ি চলে আয় সন্ধ্যা হয়ে গেল যে।"

-"হ্যাঁ বেরোচ্ছি দশ মিনিটে।" বলেই রক্তিম ফোন রাখে।

বাড়ি পৌঁছতেই মা বলে,"কিছু খাবি?"

-"নাহ এখন না একেবারেই রাতে।আচ্ছা শোনো আমি পড়তে বসছি।" ,বলেই রক্তিম ভেতরে চলে যায়।

খানিক পরেই বাবা ভেতরে আসে,"কি রে এরকম করে আছিস কেন?তুই এরকম মন মরা হয়ে থাকলে আমাদের ভালো লাগবে?"

রক্তিম খানিক হেসে বলে,"আরে না বাবা কিছুই না।এত ভেবোনা তো।ওই পড়াশোনার চাপ এই আরকি।"

-"তা হলেই ভালো।আচ্ছা শোন যাইহোক আমাকে বলবি কিন্তু।"

-"হ্যাঁ অবশ্যই।"বলেই রক্তিম হেসে ফেলে।

রাতে খাওয়ার পর রক্তিম তখন শুয়ে,ওর ফোনে একটা ম্যাসেজ আসে।শ্রেয়া লিখেছে। লিখেছে...

চলবে...

"দেখো,তোমার সাথে যেটা ঘটেছে সেটা অবশ্যই ভুল।তুমি এখন ট্রমা তে আছো।আর সেই জন্যই আমাকে খুজছো।এর বেশি কিছু নয়।" এটা পড়েই কথা গুলো ঠিকই মনে হলো রক্তিমের।

"হ্যাঁ রে তুই ঠিকই বলছিস।আমি জানিনা কিভাবে হঠাৎ এতটা স্বার্থপর হয়ে গেলাম।জানিনা রে।তুই পারলে ক্ষমা করিস।" লিখেই ফোন টা বন্ধ করে দেয় রক্তিম।

খানিক ভাবে নিজের অবস্থা নিয়ে,এটার জন্য সম্পুর্ন দায় টাই তো ওর নিজেরই।তৃষার কি দোষ!

-"হয়তো সত্যিই আমি অমানুষ,হয়তো সত্যিই আমি চরিত্রহীন।অন্যকে দোষ দিয়ে লাভ কি?যেখানে সম্পুর্ন ভাবে আমিই দোষী।"

রুমের ভেতরে এসে একবার পায়চারি করে রুম জুড়ে,তারপর বিছানার এক কোণে রাখা গিটার টা তুলে নেয়।

খুব ভালো ভাবে না শিখলেও কয়েকটা রিদম শেখা ছিল।তাই যে কোনো গানই তুলতে পারে।

পাশের ঘরেই মা-বাবা।তাই খুব আলতো হাতে,গিটারের স্ট্রিং গুলো নাড়ায়।সত্যিই,এতে যেন এক আলাদাই মাধুর্য!অজান্তেই মুখ দিয়ে গান বেরিয়ে আসতে থাকে।

এর আগে ও গাইতো না,তবে আজ কেন জানি অজান্তেই গান খেলে উঠলো গিটারের সুরের সংস্পর্শে।

সকাল হয়েছে অনেক্ষন'ই হলো।গিটার বাজাতে বাজাতেই ঘুমিয়ে পড়ে রক্তিম।

বড় বড় অথচ সুন্দর চুল গুলো মুখের ওপর এসে পড়ে।ঘুম থেকে উঠেই মুখে সূর্যের আলো পড়ে।বেশিক্ষন না,খানিক পরেই মনে পড়ে কালকের কথা,ফোন টা হাতে নিয়ে একবার দেখে কোনো রিপ্লাই এসেছে কিনা।

"তবে আমি তোমার সাথে থাকবো সবসময়।কখনো বলিনি,কিন্তু আজ বলছি তোমাকে ভালোবাসি অনেক আগে থেকে।প্রথম দেখায় প্রেমে পড়েছিলাম।কিন্তু টান

অনুভব করি তোমার সাথে প্রতিদিন কথা হওয়ার পরে।সত্যিই তোমার মধ্যে একটা আলাদা বৈশিষ্ট্য খুঁজে পাই আমি।জানিনা সেটা কি।তুমি হয়তো ভাববে বাড়িয়ে বলছি।তা ভাবলেও ক্ষতি নেয়।তবে হ্যাঁ দরকারে অবশ্যই মনে করো।আমি কথা দিতে পারছিনা তবে চেষ্টা করবো পাশে থাকার।"

পড়ার পরেই মনটা একটু খারাপই হয়ে গেল রক্তিমের।মেয়েটা ভালো।কিন্তু রক্তিম আর কাউকে ভালোবাসতে চায় না।

চায় না ফের একই গ্যাড়াকলে পড়তে।যেটা থেকে ও পিষে বেরিয়ে এসেছে।

-"মা একটু ওটস করো তো।আমি ফ্রেস হয়ে আসছি।" বলেই রক্তিম বাথরুমে ঢুকে পড়ে।

-"জলদি আসিস।"

সকাল সকাল স্নান করার পরেই রক্তিম একটু বাইরে বেরোয়।আবহাওয়া ভালো হওয়ার দরুন মনটা বেশ ফুরফুরে।

সমস্ত ভাবনা বাদ দিয়ে রক্তিম এগিয়ে চলেছে গন্তব্য হীন ভাবে। যেখানে দাঁড়াতে ইচ্ছা হবে সেখানেই থামবে।বেশি দেরি করলে হবেনা,বাড়িও ফিরতে হবে।

রাজ কে ফোন করে রক্তিম,"কোথায় আছিস ভাই?"

-"কেন বাড়িতে।তুই?" রাজ জিজ্ঞেস করে।

-"আমি এই একটু ফাঁকা জায়গায়।মাঠের কাছে।"

-"যাবো নাকি?ফাঁকাই আছি এখন।"

-"আসতে পারিস,গল্প হবে।"বলেই রক্তিম ফোন রেখে দেয়।

খানিকক্ষণ এদিক সেদিক পায়চারি করার পরেই রাজ এসে হাজির হয়।

-"হালা এতক্ষন লাগে আসতে?" রক্তিম রাজের পিঠে একটা প্রকান্ড কিল বসিয়ে দিয়ে বলে।

-"ইবাবা,এমনিই হাঁপিয়ে এলাম।আবার তুই মারছিস।মরে যাব রে ভাই।" রাজ হাসতে হাসতে বলে।

-"এই প্রবীর কে ডাকবো?বেশ হবে।" রক্তিম বলে ওঠে।

-"হ্যাঁ তাহলে তো ভালোই হয়।ওই সালা কে মেরে আমি আমার বদলা নেব।" রাজ হাসতে হাসতে বলে।

রক্তিম প্রবীর কে ফোন করে,"কোথায় আছিস গোপাল?"

-"কেন?এই তো শ্যামনগর বাজারে।"

-"আরে হাট নাকি?" রাজ পাশ থেকে চেঁচিয়ে বলে।

-"হ্যাঁ রে।তোরা কোথায় আছিস রে ভাই?" প্রবীর জিজ্ঞেস করে হাসতে হাসতে।

-"তুই আসবি কি?নইলে বলে লাভ নাই।" রক্তিম বলে।

-"দেখছি দাঁড়া কি করা যায়।" এই বলে প্রবীর ফোন রেখে দেয়।

-"দাঁড়া মালটা কি করে দেখি।" রক্তিম রাজকে বলে।

-"আয় বসি ছায়া তে" বলেই রাজ গাছতলে বসে পড়ে।রক্তিম ও বসে।

রক্তিম আর রাজ গল্প করছিল তখনই রাজ বলে,"ভাই একটা কথা শুনলাম।"

-"কি কথা বল।"রক্তিম বলে।

-"তুই রেগে যাবি ভাই,বাদ দে।"রাজ বলে।

রক্তিম খানিক চুপ থাকে,তারপর বলে,"তৃষার সম্মন্ধে?"

রাজ চুপ থেকে মাথা নাড়ায়।

-"বল,রাগা বা না রাগা পরের ব্যাপার!"

রাজ বলতে শুরু করে...

-"আরে মজা করছিলাম তোর সাথে!" বলেই জোরে জোরে হেসে ফেলে রাজ।

-"তুই জানিস আমি এই বিষয়ে ইয়ার্কি পছন্দ করি না,তবুও!" বলেই রক্তিম উঠে পড়ে।

-"আরে আরে,তুই তো রেগে গেলি।আচ্ছা আর বলবনা।তুই বস তো।"

রক্তিমের হাত ধরে বসিয়ে দেয় ওকে।রক্তিম ঠিক থেকেও ঠিক নেই,এটা রাজ খানিক আঁচ করতে পারে।

ছেলেটা কথা বলা কমিয়ে দিয়েছে।সেই চনমনে ভাব টাও নেয়।

হঠাৎ একটা ফুর্তি বাজ ছেলে এভাবে গম্ভীর হয়ে উঠতে পারে,এটা বোধহয় রক্তিমকে না দেখলে বুঝে ওঠাই যেত না।

বেশিক্ষন থাকা হয় নি,ডাক পড়তেই দুজনে বাড়ির উদ্দেশ্যে বেরিয়ে পড়ে।

পথে রক্তিমের চোখে পড়ে তৃষা একজনের সাথে দাঁড়িয়ে কথা বলছে।দাঁড়িয়ে পড়ে ও।

বেশ উদ্বিগ্নতা আসে ওরা কি বিষয়ে কথা বলছে সেটা জানার জন্য।তবে বিষয় জানার আগেই দেখে তৃষা ছেলেটিকে জড়িয়ে ধরে।

ব্যাস!এটুকুই দরকার ছিল রক্তিমের মেজাজ খারাপ করতে।

দ্রুত গিয়ে তৃষার হাত ধরে হিচড়ে নিজের দিকে ফিরিয়ে নেয় রক্তিম।

খুব জোরে কব্জি টা ধরে বলে ওঠে,"তোমার সাহস কি করে হয় অন্য একজনের সাথে এরকম করার!"

তৃষা ব্যাথায় "আহ" বলে ওঠে।সবাই দেখছে ওদের দিকে।

তৃষা দাঁতে দাঁত চেপে বলে,"দেখ আমি আগেই সব শেষ করেছি।এখন সবার সামনে সিন ক্রিয়েট করবি না!"

তৃষার পাশের ছেলেটি রক্তিমের মুখ বরাবর একটা ঘুষি মারে।

প্রচন্ড ব্যাথায় হাত ছেড়ে দেয় রক্তিম।নাক ফেটে রক্ত বেরিয়েছে ততক্ষনে।

দুজনের দিকে তাকিয়েই নাকে হাত দিয়ে বেরিয়ে পড়ে রক্তিম।চোখ ফেটে কান্না আসছে,গলার কাছে কষ্ট গুলো যেন বিদ্রোহ ডেকেছে।ব্যাথা করছে খুব।

একটা পুকুরের পাড়ে এসে বসে পড়ে ও।এতদিন সেই ভাবে কাঁদেনি কিন্তু এবার আর আটকে রাখতে পারে না,হু হু করে কেঁদে দেয়।

কি ছিল ওর দোষ!একটু নিঃস্বার্থ ভাবে ভালোবাসা!তৃষার ভালোর জন্য নিজের অন্ধকার দিকের ত্যাগ।

কোনো কিছু না করা সত্ত্বেও,লোক মুখে ওইসব শোনা!একজন আর কতটুকুই বা সহ্য করতে পারে।

দিনশেষে রক্তিমও তো মানুষ।সব টুকু মুখ বুজে সহ্য করে গেলেও এ সমাজ নিস্তার দেয় না।

রক্ত অনেকটাই বেরিয়েছে,তবে ভেতরে কেটেছে বলে বাইরে থেকে বোঝা যাচ্ছে না।

এখন রক্ত ধরেছে।কান্না থামলেও হাঁপানির রেশ আছে এখনো।

একটু এগিয়েই সামনের ট্যাপ থেকে জল নিয়ে মুখে ছিটিয়ে নেয়।পকেট থেকে ফোন টা বের করেই দেখে মায়ের আট-টা মিসড কল।

ঘুরিয়ে করে,মা ফোন তুলতেই বলে,"কিরে এতক্ষন কোথায় আছিস?ফোন তুলছিস না।বাড়ি চলে আয়।"

-"হ্যাঁ আসছি।"এটুকু বলেই বেরিয়ে পড়ে রক্তিম।

চোখে মুখে জল নেওয়ার ফলে লালচে ভাব কমে গেছে অনেক।বাকি টুকু জিজ্ঞেস করলে বলবে রোদের জন্য।এসবই ভেবে বাড়িতে ঢোকে রক্তিম।

মা আর তেমন কিছু জিজ্ঞেস করেনি।তখন কাঁদার ফলে এখন মন টা খানিক হালকা।

খেয়ে নেয় রক্তিম,অনেকক্ষন কিছু না খাওয়ার দরুন খিদে টা বেশ জোরেই পেয়েছিল।গোগ্রাসে খেয়ে নেয়।

খেয়ে উঠে রাজকে ফোন করে একবার জেনে নেয় ও বাড়ি পৌঁছেছে কিনা।আর ঠিক করে বিকেলে জঙ্গলে যাবে।তাই বাকি দেরও জানিয়ে দিতে।

গিটার টা হাতে নেয় রক্তিম,বিকেল যেহেতু।তাই জঙ্গলে বেশ ফুরফুরে হাওয়া।মনোরম পরিবেশ।

কিন্তু রক্তিমের মনের ভেতর হাওয়া টুকু বেশ ঝোড়ো।মনের সমস্ত আক্রোশ ঝেড়ে দিতে থাকে গিটারের উপর।বন্ধুরা গলা মেলায় এক সাথে।

রক্তিম এমনিই খুব জোরেই গিটার বাজায়, কিন্তু আজ আরেকটু বেশিই জোরে বাজিয়ে ফেলে।ফলে গিটারের একটা স্ট্রিং ছিঁড়ে যায়।এক প্রকার বেসুরো আওয়াজ করে থেমে যায় রক্তিম।

তখনই সবাই থেমে যায়,রক্তিম নিজের গিটারকে খুব ভালো বাসে।একদৃষ্টে তাকিয়ে থাকে গিটার-টির দিকে।

খানিক ভাবনা এসে ভীড় করে রক্তিমের মনে,পুরোনো কিছু স্মৃতি।যা কখনোই ভোলার নয়।

আলগা মনে ভেবে ফেলে সেগুলো।

নরম ঘাসের গালিচা,তার উপর শুয়ে আছে দুজন। হাতে হাত মুষ্টিবদ্ধ।দৃষ্টি স্থির আকাশপানে।হয়তো মেঘেদের খেলা দেখতে দুজনেই ব্যস্ত।বা হয়তো কোন মহাজাগতিক তরঙ্গ কানে কানে কিছু কথা বলে যাচ্ছে।

রক্তিম ঘাড় ঘুরিয়ে পাশে দেখে,তৃষার হাসিমাখা প্রাণোচ্ছল মুখটা।বেশ মোহময়ী,মায়াভরা চোখ।

দেখলেই এক অমোঘ টানের সৃষ্টি হতে বাধ্য।

নিজের জীবনে এখনো পর্যন্ত রক্তিম তৃষার চেয়ে সুন্দরী মেয়ে দেখেনি।বা হয়তো ভালোবাসা মানুষটিকে এমনিই সব চেয়ে সুন্দর,শ্রেষ্ঠ মনে হয়।

কনুই-এ ভর দিয়ে অর্ধশোয়া অবস্থায় তৃষার গালে হাত দেয় রক্তিম।তৃষাও ঘুরে তাকায়।আলতো হাসে।

এই প্রান্তরে বোধহয় আর কেউ নাই।একাকী ওরা দু-জন।

চুপিচুপি ভালোবাসার গুঞ্জন চলতে থাকে।রক্তিম হালকা হাসে।তৃষা ওর জীবনে যেন সবচেয়ে মধুর জিনিস।

কারোর ধাক্কায় সম্বিত ফিরে পায় রক্তিম,এতক্ষন অতীতের চিন্তায় ছিল।কিছু ভালোলাগা মাখা স্মৃতি হাত বুলিয়ে দিচ্ছিল রক্তিমের মনে।

তবে আজ যেন সেগুলোই ওর কাছে অভিশপ্ত।তৃষার এরূপ অমানুষিক কাজ-কর্মে ঘৃণায় ভরা নোনাজলে চোখ টলমল করে ওঠে রক্তিমের।

গিটারের ছেঁড়া স্ট্রিংটির দিকে একদৃষ্টে চেয়ে ব্যাগে ভরে নেয় ওটিকে।উঠে দাঁড়িয়ে পড়ে।

-"আরে কোথায় যাস?একটু দাঁড়া।গিটারটা রেখে এমনিই কর।" এই বন্ধু বলে ওঠে।

এই কয়েকজনই আছে যারা তৃষার কথায় বিশ্বাস না করে রক্তিমের উপর বিশ্বাস রেখেছিল।তাই রক্তিম এদের কথা ফেলতে পারে না।

-"আচ্ছা।তোরা শুরু কর আমি আছি।" বলেই রক্তিম বসে পড়ে।গিটারটিকে সাইড-এ রেখে।

শুরু হলো গান।বেশ খানিকক্ষণ আসর ও চললো।সন্ধ্যা নামার সাথে সাথেই ধীরে ধীরে সবাই চলে যেতে লাগলো।রক্তিমও আর দেরি করলো না।উঠে পড়লো।

রক্তিম ভেবেই নিয়েছে।ও আবার ধীরে ধীরে আগের মত হবে।ভেঙে পড়বে না।নিজেই দৃঢ় হবে।তৃষার প্রতিটা কথা মাথায় রেখে সেগুলো ভুল প্রমাণ করে দেবে।

বাড়ি পৌঁছেই পড়তে বসে যায়ও।ঘন্টা তিনেকের মধ্যেই মা আসে খেতে ডাকার জন্য।

সত্যিই মা-বাবা এতটা ভালোবাসে ওকে।সত্যিই এটা সবাই পায় না।কারোর জন্য না হোক বাবা মায়ের জন্য অন্তত ও লড়বে।ও জিতবে।

বেশ পছন্দের খাবার গুলোই রান্না করেছে মা,হয়তো বুঝতে পেরেছে ছেলের মন খারাপ।মা তো! না বললেও খানিক বুঝেই যায়।

খেয়ে এসে বিছানায় গা এলিয়ে দেয় রক্তিম।অন্যদিন হলে পড়তে বসতো।কিন্তু আজ ভালো লাগছে না।

ফেইসবুক টা স্ক্রল করার সময় বাবা আসে রুমে।

-"আরে বাবা বসো।" বলেই ফোন রেখে রক্তিম বাবার সাথে গল্পে মেতে ওঠে। প্রায় অনেক্ষন'ই গল্প হয়।কখন যে বারোটা বেজে ওঠে বুঝতেই পারে না।

রক্তিমের কপালে একটা চুমু দিয়ে,"ঘুমিয়ে পড়।" বলে নিজের রুমে ফিরে যায় বাবা।

সত্যিই বাবা মায়ের ভালোবাসা টা খুব জরুরি।তাদের স্নেহ মমতা জরুরি।বাবার সাথে গল্প করে মনটা একদম হালকা হয়ে গেল।

এই এমন একজন মানুষ যে সব পারে।মুমূর্ষ মনটিকেও জাগিয়ে তুলতে পারে।

ফোন টা সুইচ অফ করে দিতে গিয়ে দেখে শ্রেয়ার ম্যাসেজ,বেশ অবাক'ই হয় রক্তিম।শ্রেয়া কেন ম্যাসেজ দেবে।খানিকক্ষণ ভেবে শেষ মেস দেখে শ্রেয়া কি লিখে পাঠিয়েছে।

পুরোটা পড়ে রক্তিম বুঝলো ওটা অন্যজনকে দিতে গিয়ে ওকে পাঠিয়েছে।

তাই লিখলো,"এটা আমাকে দিয়েছিস?"

ওদিক থেকে কোনো রিপ্লাই না আসায় রক্তিম ফোন রেখে ঘুমোনোর চেষ্টা করলো।

রিপ্লাই যখন পেল তখন সকাল গড়িয়ে দুপুর নেমেছে,রক্তিম স্নান সেরে বিছানায় বসে বই পড়ছে।

ফোনটা তুলে দেখলো শ্রেয়া লিখেছে,"হ্যাঁ, রিপ্লাই টা তোমাকেই দিয়েছি।আসলে জানো আমি অনেক ভাবলাম।ভাবলাম কি ঘটতে পারে।তোমাকে আমি অনেক আগে থেকেই ভালোবাসি।তা তোমার এই রকম অবস্থায়,সুযোগের সদ ব্যবহার করেই ফেললাম আমি।আসলে কি জানোতো মানুষ ভালোবাসার কাঙাল হয়।একটু পেলেই দুহাত ভরে কুড়িয়ে নিতে চায়।তাই কোনো অছিলাতেই হোক না কেন,কয়েকটা দিন তোমার ভালোবাসার স্বাদ গ্রহণ করা হবে।হ্যাঁ জানি,তোমার এই ধাক্কা কেটে গেলেই হয়তো তুমি আর আমায় ভালোবাসতে পারবে না,হয়তো তখন আমার দিন কাটানো দুঃসাধ্য হয়ে যাবে।তবুও!তবুও আমি চাই।তোমাকে ভালোবাসতে চাই।"

পুরোটা পড়েই রক্তিম খানিক থ হয়ে যায়।ভেবে পায় না কি করবে।অথচ আগে শ্রেয়াই বলে ছিল এটা রক্তিমের ভুল।

তাই বেশি কিছু না ভেবে রক্তিম লেখে,"তুই ভুল করছিস।আমার ভুল শুধরে আবার তুই নিজে কেন ভুল করতে চাইছিস?"

-"জানিনা,জানতেও চাই না।শুধু একটু ভালোবাসা চাই,দেবে?সবার প্রস্তাব উপেক্ষা করে গেছি কারণ আমি তোমাকে ভালোবাসতাম।আর কিছু শুনতে চাই না।শুধু বলো আমাকে ভালোবাসতে পারবে?"

রক্তিম পড়েছে বেশ দোটানায়।ফোন টা পাশে রেখে সামনের চুল পেছন দিকে টেনে বালিশে ভর দিয়ে আধশোয়া হয়ে পড়ে।নানান চিন্তা আসছে।ভয় ও লাগছে।

যদি ভুল করেও ও শ্রেয়া কে ভালোবেসে ফেলে!যদি আবার একই ঘটনার পুনরাবৃত্তি ঘটে!কিভাবে সামলাবে ও নিজেকে।

কিছু খুঁজে না পেয়ে ও রাজ কে ফোন করে।রাজ ফোন তুলতেই রক্তিম বলে," দাঁড়া প্রবীর কে নি।"

প্রবীর রাজ দুজনেই কলে আসার পরে রক্তিম পুরো ঘটনা টা ওদের খুলে বলে।

-"আমার মনে হয় তোর এটা করেই নেওয়া উচিত।দেখ সবাই এক রকম হবে তার মানে নেই।হয়তো এটা ভালোও হতে পারে।" প্রবীর বলে।

-"হ্যাঁ আমারও তাই মনে হয়।আর কোনো সমস্যা হলেই পিছিয়ে যাস আবার কি!" রাজ থেমে থেমে বলে।

-" আচ্ছা আমি এখন রাখছি।পরে কথা বলবো।"বলেই রক্তিম ফোন রেখে দেয়।

সারাটা দিন রক্তিম ভাবে,ভাবে কি করলে সঠিক সিদ্ধান্তে আসা যাবে।

রাতের দিকে শ্রেয়ার ম্যাসেজ আসে,"এখনো কিছু বললে না।"

এটার উত্তরে রক্তিম কি লিখবে সেটাই খুঁজে পায় না।

তাই লেখে,"আমাকে একটু সময় দে।আমি জানাচ্ছি।"

শ্রেয়া লেখে,"আচ্ছা,বেশ!"

ফোন টা উল্টিয়ে রেখে দেয় রক্তিম।আর বেশি ভাবতে পারে না।ঘুম নেমে আসে দু চোখ বেয়ে।হয়তো একটু শান্তির খোঁজে দেহটাও সঙ্গে মনও।

মাঝ রাতে একবার ঘুম খোলে রক্তিমের,না আজ আর জেগে থাকেনি।অন্যদিন হলে হয়তো দুশ্চিন্তা আসতো অনেক।ভাবনা আসতো গুচ্ছেক।আবার ঘুমিয়ে পড়ে রক্তিম।

সকাল'টা যেন আজ নতুন।অনেকটাই নতুন।আয়নার সামনে দাঁড়িয়ে নিজেকে একটু আপাদমস্তক দেখে নিলো রক্তিম।

এক রাতের পরিপূর্ণ ঘুম মানুষের জন্য কতটা দরকারি আর কতটা আরামের সেটা শুধু তারাই জানে যাদের ঘুম হয় না।

চোখ গুলো কোটরে ঢুকে গিয়েছিল,সেটা খানিকটা আগের মত হয়েছে।মুখে একটা আলাদা ঔজ্জ্বল্য ফুটে উঠছে।

মায়ের ডাকে সকালের খাবার টা খেয়ে নিয়েই রক্তিম ঠিক করে ও দাড়ি গুলো কাটবে।আয়নার সামনে দাঁড়িয়ে ট্রিমার দিয়ে ছোট করে ফেলে দাড়ি গুলো।মুখে ঠান্ডা জলের ঝাপটা জানান দেয় অস্তিত্বের।

"বেঁচে আছি তাহলে!" রক্তিম নিজেকেই আনমনে বলে।মুখ জুড়ে বিরাজ করে এক চওড়া হাসি।

রক্তিম জানেনা কেন আজ এই পরিবর্তন,কেন এই হাসি।কেনই বা ভালোলাগা খানিক।

ফোন টা অন করে ম্যাসেজ করে শ্রেয়াকে।

-"দেখা কর।" রক্তিম লেখে।

খানিক পরেই রিপ্লাই আসে,"কোথায় করবো?"

-" বলবোনা, খুঁজে নিস!" বলেই রক্তিম বন্ধ করে দেয় ফোন টা।

কেন যে ও বললো না।কেনই বা খুঁজে নিতে বললো শ্রেয়া কে,সেটা ও জানেনা।

সেই একই ঝিলের ধারে বসে ছিল রক্তিম।বিকেল হলো সবে।ছোট ছোট ঢিল গুলো জলে ছুড়ছিল।সেগুলো অনায়াসেই ডুব দিচ্ছিল ঝিলের স্বচ্ছ জলে।

নিজের পাশে কারোর উপস্থিতি টের পায় রক্তিম।তবে ঘুরে না তাকিয়েই বলে,"বোস।"

শ্রেয়ার দিকে মুখ ঘুরিয়ে তাকায় রক্তিম।এক ভাবে তাকিয়েই থাকে শ্রেয়ার মুখশ্রীর দিকে।

কয়েক মিনিট হলো,রক্তিম তখনও তাকিয়ে শ্রেয়ার মুখশ্রীর দিকে।শ্রেয়া ঠিক চোখে চোখ রাখতে পারছেনা।ইতস্তত করছে।হয়তোবা লজ্জা।

-"এভাবে তাকিয়ে থাকার কি কোনো মানে হয়?" শ্রেয়া নম্র কণ্ঠে বললো।

-"তোর গলার স্বর খুবই সুন্দর।" রক্তিম বললো।

এরূপ কথার উত্তরে বলার মত কিছু খুঁজে পেলোনা শ্রেয়া।খানিক লজ্জা বোধ ঘিরে ধরলো ওকে।তা দেখে রক্তিম হেসে উঠলো।

-"সন্ধ্যে উঠছে বাড়ি চল।পৌঁছিয়ে দি।" বলেই রক্তিম উঠে দাঁড়ালো।

শ্রেয়া রক্তিমের দিকে বিহ্বল দৃষ্টিতে তাকালো।তারপর রক্তিমের সাথে ওর বাড়ির দিকে এগিয়ে চললো।

শ্রেয়ার বাড়ির কাছে আসতেই দেখলো শ্রেয়ার বাবা বাড়ির বাইরে দাঁড়িয়ে কারোর সাথে কথা বলছেন।

রক্তিমের দিকে তাকিয়ে বললেন,"কি বাবা ভালো আছো তো?"

-"হ্যাঁ কাকু সব ভালো আপনাদের আশীর্বাদে।" হাসি মুখে বললো রক্তিম।

শ্রেয়া বাড়িতে ঢোকার আগে রক্তিম শ্রেয়ার কব্জি তে ধরে হালকা ভাবে মোচড় দিলো।শ্রেয়া ফিরে তাকাতেই।

-"যেটা জানতে চাইছিস,তার উত্তর সময় দেবে।" বলেই হেসে বাড়ির পথে রওনা হলো।

শ্রেয়া একবার দেখে নিলো যে ওর বাবা দেখলো কিনা।তারপর মুচকি হেসে বাড়ির ভিতরে চলে গেল।

বাড়িতে এসে শ্রেয়া নিজের কাজ গুলো সেরে নেয়।রাতের দিকে যখন রাত প্রায় এগারোটা বাজে,শ্রেয়া রক্তিমকে ফোন করে।

রক্তিম পড়ছিল,আসলে সারাদিন পড়া হয়নি তাই।

ফোনটার দিকে তাকাতেই বেশ অবাক হয় রক্তিম।

ফোন তুলেই বলে,"বল!এত রাতে কি দরকার?"

অপরপ্রান্ত থেকে কোনো কথা ভেসে আসছে না,অথচ শ্রেয়ার স্বাস-প্রশ্বাস নেওয়ার শব্দ রক্তিম স্পষ্ট পাচ্ছে।

-"যদি শুধু শোনার জন্য ফোন করেছিস তাহলে তোকে এখন আমার পড়া শুনতে হবে।" বলেই নিঃশব্দে হাসে রক্তিম।

-"এই না না।" বলেই চুপ হয়ে যায় শ্রেয়া,বুঝতে পারে ওর ইচ্ছা ভেস্তে গেল।"উফফ!বিরক্তিকর।" বলেই ফোন রেখে দেয় শ্রেয়া।

ফোন রাখতেই রক্তিম হেসে ওঠে,"একেবারেই বাচ্চামো করে মেয়েটা।"

পড়া শেষ হতেই ফোন টা নিয়ে বিছানায় এসে বসে রক্তিম।নেট অন করতেই দেখে দুটো ম্যাসেজ।

"এতক্ষন কে পড়ে?তার সাথে আমার প্ল্যান টাও ভেস্তে দিলে।" এবং আরেকটা হলো,"যাইহোক শুভরাত্রি।"

দুটো পড়েই রক্তিম লিখে পাঠায়,"শুভ রাত্রি।"

ফোন বন্ধ করে শুতেই রক্তিমের চোখের সামনে ভেসে ওঠে আবার সেই এক দৃশ্য,তৃষার ওই মিথ্যে অপবাদ।কিভাবে সবাই মেনে নিল।

দম বন্ধ হয়ে আসে রক্তিমের।হাঁপিয়ে উঠে বসে।না বেশিক্ষন দেরি না করে দ্রুত বাথরুমে গিয়ে চোখে মুখে জলের ঝাপটা নেয়।

আয়নার দিকে তাকিয়ে থাকে একদৃষ্টে।নাহ!কারোর সাথে কথা বলতে হবে এই মুহূর্তে।নয়তো শান্তি পাওয়া অসম্ভব।

ফোন টা অন করে রাজের নাম্বার ডাইয়াল করে,রিং হয়েও কেউ ফোন তোলেনা।প্রবীরের ও সেই একই ব্যাপার।

বুক ওঠা নামা করতে থাকে খুব দ্রুত,এক প্রকারের আন-চান করে ওঠে মনটা।কষ্ট নেই খানিকও,অথচ এতটাই অসহ্যকর।

-"উফফ!" অস্থির হয়ে বলে ওঠে রক্তিম।

-"দিনটা কত ভালো কাটলো,অথচ রাতে উফফ!"

দিনের কথা বলতেই শ্রেয়ার কথা মনে পড়ে।তড়িঘড়ি করে ফোন করে রক্তিম।দু বার রিং হয়েও কেউ তোলেনা ফোন।আশাহত হয়ে রক্তিম যখন হাঁটুতে মাথা গুঁজে বসে রইলো তখনই শ্রেয়া ঘুরিয়ে ফোন করে রক্তিমকে।

ফোন তুলেই শ্রেয়া বলে,"কি হয়েছে?সমস্যা কিছু?আসলে আমি ঘুমাচ্ছিলাম।"

রক্তিম কিছু বলতে পারেনা শুধু হাঁপিয়ে যায়।একপ্রকারের মানসিক অবসাদ দ্বারা সৃষ্ট শ্বাসকষ্ট,দমবন্ধ হয়ে আসা।

-"কি হলো?এভাবে অস্থির হয়ে আছো কেন?এভাবে হাপাচ্ছ কেন?" বলতে বলতেই শ্রেয়া উদ্বিগ্ন হয়ে ওঠে।

রক্তিম আর কিছু বলতে পারেনা,কেঁদে ফেলে।খানিক কাঁদার পরে যখন কান্নার রেস কমে আসে তখন রক্তিম কাঁদতে কাঁদতেই বলে,"আমি জানিনা রে!জানিনা আমি!"

-"আচ্ছা আচ্ছা তুমি শান্ত হও।আমি দেখছি কি করা যায়।"

শ্রেয়ার পক্ষে রক্তিমের কাছে আসা তো সম্ভব নয়।তাই ফোনেই চেষ্টা করে গেল রক্তিমকে সামলানোর।

সকাল তখন বোধহয় ৫ টা, শ্রেয়া বিছানায় কাত হয়ে ঘুমোচ্ছে।কাল রক্তিমকে সামলাতে গিয়ে রাত প্রায় আড়াইটা বেজে যায়।তারপর রক্তিম ঘুমিয়ে পড়ার পরেও খানিকক্ষণ জেগে ছিল শ্রেয়া।যাতে রক্তিম আবার উঠে না যায়।

ফলবসত ঘুম থেকে উঠতে দেরি হয় শ্রেয়ার।মায়ের বকুনি খেয়েই শেষ মেস ঘুম ভাঙে।ভাঙতেই মনে পড়ে কালকের ঘটনা।প্রথমে ভাবে রক্তিমকে একবার ফোন করবে,কিন্তু পরক্ষণেই আবার ভাবে যদি ও ঘুমায়?

তাই আর রক্তিমকে ফোন করে বিরক্ত করে না শ্রেয়া।নিজের কাজে ব্যস্ত হয়ে পড়ে।

রক্তিম ঘুম থেকে উঠতেই দেখে পাশে বাবা,মা বসে আছে।চুল গুলো টেনে পেছনে করে নিয়ে রক্তিম বলে,"তোমরা দুজন একসাথে এখানে!ব্যাপার খানা কি?"

-"সকালে দেখলাম মেঝেতে শুয়ে আছিস,ফোন টাও মাথার কাছে পড়ে আছে!" মা বলে ওঠে।

তৎক্ষণাৎ রক্তিমের মনে পড়ে কালকের ঘটনা।

একটু ঘাবড়ে গিয়ে আবার নিজেকে সামলিয়ে নেয়,বলে,"আরে না কাল প্রজেক্ট করতে করতে ঘুমিয়ে গেছি।"

-"আচ্ছা!তাহলে প্রজেক্টের জিনিস পত্র কই?"

-"না আমি আগে ওগুলো উপরে তুলে তারপর বসেছিলাম এখানে।"

-"অদ্ভুত তো!"

-"আরে তোমরা বেশ শুরু করলে তো সকাল থেকে।উফফ!সরো সরো উঠতে দাও আমায় বলেই রক্তিম বাথরুমে ঢুকে পড়ে।

ভেতরে এসেই যেন হাফ ছেড়ে বাঁচে রক্তিম।তবে কাল শ্রেয়া না থাকলে অনেক বেগ পেতে হতো রক্তিমকে।এটা বুঝে যায় রক্তিম।

পার্কের বেঞ্চে আনমনে বসে কিছু লিখছিল শ্রেয়া,হঠাৎ রক্তিম এসে বসলো পাশে।

রক্তিম খানিকক্ষণ সামনে তাকিয়ে রইলো,তারপর একবার উঁকি ঝুঁকি মেরে দেখলো কি লিখছে শ্রেয়া।

রক্তিম শ্রেয়াকে ঠিক ডাকতেও পারছেনা আবার চুপ চাপ বসতেও পারছে না।

শ্রেয়া সেটা বেশ ভালো ভাবেই বুঝেছে তবুও ইচ্ছা করে কিছু বলছেনা।

এইবার রক্তিম ভাবলো ও হয়তো শ্রেয়াকে বিরক্ত করছে এমনিই গতকাল রাতে যা হলো..!

তাই উঠে চলে যেতে লাগলো।কিন্তু তার আগেই শ্রেয়া রক্তিমের হাত টা ধরে আবার বসিয়ে দিল।

-"যাচ্ছ কোথায়?" শ্রেয়া ডায়েরিটা বন্ধ করে বললো।

-"উম্ম এমনিই কোথাও না!" বলেই রক্তিম ঠেস দিয়ে বসলো।

-"কাল রাতের জন্য ধন্যবাদ।" শ্রেয়া মাথাটা নামিয়ে বললো।

এটা শোনার পর রক্তিম থ হয়ে গেল,অদ্ভুত ব্যাপার ধন্যবাদ তো ওর বলা উচিত শ্রেয়াকে।কিন্তু তা না হয়ে শ্রেয়া ধন্যবাদ বলছে!

-"হঠাৎ ধন্যবাদ কিজন্য?" রক্তিম অপ্রস্তুত হয়ে জিজ্ঞেস করলো।

-"আমাকে তুমি ভরসা করে কাল ফোন করলে!এইজন্যই।" শ্রেয়া মৃদু্য স্বরে বললো।

রক্তিম এখন ঠিক কি বলবে সেটা বুঝতে পারছেনা।

ভোর বেলা পর্যন্ত জেগে এত ধকল সহ্য করে আবার ধন্যবাদ দিচ্ছে! রক্তিম সত্যিই অবাক হয়ে যায়।

তৃষা আর শ্রেয়ার মধ্যে তফাৎ টা হুট করেই চোখের সামনে ভেসে ওঠে।

-"কি হলো?চুপ হয়ে গেলে কেন?" শ্রেয়া কয়েকবার ডাকার পরেই রক্তিমের হুস ফেরে।

-"নাহ...নাহ কিছুনা।" বলেই রক্তিম স্থির দৃষ্টিতে সামনের দিকে তাকিয়ে থাকে।

-"বিকেল টা খুব মিষ্টি না আজ?" শ্রেয়া মিষ্টি হেসে জিজ্ঞেস করে।

-"হ্যাঁ একটু বেশিই।" রক্তিম সাধারণ ভাবেই বলে।

-"এই শোনো!" শ্রেয়া বলে।

-"হ্যাঁ বল না।"

-"তুমি হাসোনা কেন?" শ্রেয়া মুখটা বেজার করে বলে।

-"হাসি তো মাঝে মাঝেই।" রক্তিম ইতস্তত ভাবে বলে।

-"ওটা না।ভালোভাবে হাসবে।সব সময় মুখে যেন একটা মিষ্টি হাসি লেগে থাকে।" শ্রেয়া মাথা দুলিয়ে বললো।

-"আচ্ছা! তাই হবে।" রক্তিম হেসে ফেলল।

দুজনে নানান গল্প করলো যেমন সকালে শ্রেয়া বকুনি খেয়েছে কিনা,কি লিখছিল,সারা দুপুরে কে কি করলো।ইত্যাদি ইত্যাদি অনেক গল্প।

কখন যে বিকেল গড়িয়ে সন্ধ্যা নেমে গেছে দুজনেই বোঝেনি।

-"এই আমি আসছি বুঝলে!" বলেই শ্রেয়া হাসি মুখে উঠে পড়ে।

-"হ্যাঁ সাবধানে যাবি।" হেসে বলে রক্তিম।

শ্রেয়া চলে যাওয়ার পর রক্তিম ভাবনায় পড়ে যায়।

আজ পর্যন্ত তৃষার সাথে যতগুলো মুহূর্ত কাটিয়েছে সব গুলোর থেকেও সেরা ছিল এই বিকেল-গোধূলি সময় টা।

খানিক পরে রক্তিম যখন বাড়ির পথে রওনা হবে তখন পাশে তাকিয়ে দেখে শ্রেয়া নিজের ডায়েরি টা ভুলে গেছে।রক্তিম কিছু না ভেবে ওটা তুলে নেয়।

মনে মনে ভাবে,"কাল দিয়ে দেব ওকে।" বাড়ির দিকে রওনা দেয় ও এবার।

এদিকে শ্রেয়া বাড়িতে এসে পড়তে বসে,সব শেষে রাতের সময় আর খুঁজে পায় না ডায়েরি টা। বুঝতে পারে ও ভুলে ফেলে এসেছে।

ব্যাগ টা সরিয়ে রেখে যেই ফোন টা অন করে ওমনি রক্তিমের ম্যাসেজ আসে,"ডায়েরি টা আমার কাছে নিয়ে নিস পরে।"

সন্ধ্যা বেলায় রক্তিম ডায়েরি টা পড়ছিল,সত্যিই শ্রেয়া খুব সুন্দর লেখে।যেরকম কবিতা সেইরকমই গল্প গুলোও।

সব টুকু পড়া হয়নি রক্তিমের।তার আগেই ঘুমিয়ে পড়তে হয়।

বিশেষ ব্যাপার হলো আজকাল রক্তিমের মন টাও বেশ ভালো থাকে।তবে কিছু কিছু সমস্যা রয়েই গেছে।

প্রবীর আর রাজ রাতে রক্তিমকে ম্যাসেজ করে,"কাল আয় জঙ্গল দিকে।গল্প আড্ডা হবে।" যদিও তখন ঘুমিয়ে গেছে।

শ্রেয়া নিজের কাজ সেরে নিয়ে শুতে যাবে এমন সময় শুনতে পায় মা বাবার ঝামেলা হচ্ছে।তবে ও নিয়ে শ্রেয়া অত ভাবে না আর।এগুলো প্রায় প্রতিদিনের সমস্যা।

রুমের দরজাটা লাগিয়ে দিয়ে শুয়ে পড়ে শ্রেয়া।বাবা মা কি বিষয়ে ঝগড়া করছে সেটুকু জানার বিন্দুমাত্র ইচ্ছা ওর নেই।

আগে অনেক বার চেষ্টা করেছে,কিন্তু এখন আর সম্ভব হয় না ওর দ্বারা।

ভাবতে ভাবতে এখন ক্লান্ত।ঘুম না এলেও জোর করে ঘুমোনোর চেষ্টা করে শ্রেয়া।

সকালে উঠে শ্রেয়া ব্রেক ফাস্ট সেরে নিলো।ঝামেলা হলেই তারপরের দিন শ্রেয়ার মন মেজাজ ভালো থাকে না।সেদিন সকালে আর পড়লোনা শ্রেয়া। রক্তিমের সাথে ম্যাসেজে কথা বলেই কাট

বিকেলের দিকে রক্তিম শ্রেয়াকে জিজ্ঞেস করলো ও রক্তিমের সাথে যাবে কিনা।এমনি হলে শ্রেয়া যেত না হয়তো,কিন্তু রক্তিম সাথে থাকবে শুনে আর না করেনি।

রক্তিম রাজ কে ফোন করলো,"এক কাজ কর জঙ্গলে নয় গ্রাউন্ডে চলে আয়।"

-"কি হলো হঠাৎ!"

-"আরে আয় তো বেশি না বকে।" এটুকু বলেই রক্তিম ফোন কেটে দেয়।

যথারীতি বিকেলের পশ্চিমগামী সূর্যের সাথে।শ্রেয়া জানতো রক্তিমের গিটার আছে।কিন্তু কোনোদিন বাজাতে শোনেনি।

আড্ডা গল্পের মাঝেই শ্রেয়া বলে উঠলো,"আচ্ছা কেউ গান শোনাও না প্লিজ।"

রক্তিম এক ঝটকায় শ্রেয়ার দিকে তাকায়।কিন্তু কিছু বলেনা।

-"কি হলো!শোনাও কেউ।"

-"ভালো তো রক্তিম পারে।কিন্তু ও কি শোনাবে?" রাজ বলে।

-"আরে রক্তিম শোনা একটা গান।" বলেই সঞ্জয় নিজের গিটার টা এগিয়ে দেয়।

রক্তিম এক দৃষ্টিতে তাকিয়ে আছে গিটার'টির দিকে।

কষ্ট হলো একটু কিন্তু তুলে নিলো গিটার।খানিক ভাবলো।

'সে কি জানে' গানটি গেয়ে চললো।কেউ একজন কোনো এক সময় দিয়েছিল ওকে গানটা।সেসব কথা মনে করাও যেন বিভীষিকাময়।

গান শেষে রক্তিম বিতৃষ্ণা সহকারে গিটারটি ফিরিয়ে দিল।আর যেন ভালো লাগে না।

শ্রেয়া বেশ মুগ্ধ হয়ে শুনছিল গানটি,চোখ মেলেই রক্তিমের বিরক্তিভরা চেহারা নজরে পড়লো।

রক্তিম উঠে পড়তেই শ্রেয়াও উঠলো।

সন্ধ্যায় যেদিক দিয়ে হেটে আসছে ওরা ওখানে যদি আছে একটা,পাশেই।

শ্রেয়া বাড়িতে বলেছে ওর বান্ধবীর বাড়িতে যাবে।

তাই বাড়ির বিষয় টা নিয়ে চিন্তা তেমন বিশেষ নেই।

রক্তিম একাই এগিয়ে যাচ্ছিল শ্রেয়া দৌড়ে এসে রক্তিমের পকেটে ঢোকানো হাতটির মাঝে নিজের হাতটি গলিয়ে দেয়।মাথা টা এলিয়ে দেয় রক্তিমের কাঁধে।

রক্তিম শুধু একবার দেখে কিচ্ছু বলেনা।জনমানব শূন্য রাস্তা।কেউই নেই।

ধীরে ধীরে শ্রেয়া নিজের পুরো ভর টাই রক্তিমের উপর ছেড়ে দেয়।আর পারেনা রক্তিম,এবারে হেসেই ফেলে।

-"কোলে চাপবি এবারে?" হাসতে হাসতে বলে রক্তিম।

শ্রেয়া হেসে বলে,"যাক শেষ মেশ হাসাতে পেরেছি।উড়ি বাবা।"

-"তা তুই কি এভাবেই যাবি এখন?" রক্তিম জিজ্ঞেস করে।

-"হ্যাঁ আমার নিজের শক্তি অপচয় করে যেতে আর ভালো লাগছে না।" শ্রেয়া মুখ বেজার করে বলে।

-"আচ্ছা।" রক্তিম হাসে।

নিজের হাতটা বের করে শ্রেয়ার কাঁধ এ চেপে ধরে এগিয়ে চললো।

-" আরে আমি তো এমনিই বললাম।" শ্রেয়া হেসে বললো।

-" সমস্যা নেই,এটাতেও।"

মিনিট দশেক গল্প করতে করতে এগিয়ে গেল দুজনেই,শ্রেয়াকে বাড়িতে পৌঁছে রক্তিম নিজেও বাড়ি ফিরল।

শ্রেয়ার কথা মাথায় এলো, এতদিন কথা না বলা মানুষটা কিভাবে এত কাছের হয়ে পড়তে পারে হুট করে! অবিশ্বাস্য।

নিজের পড়া শেষে রক্তিম শ্রেয়া কে call করে।

-" কিরে পড়া হলো?" রক্তিম জিজ্ঞেস করে।

-"হ্যাঁ এই হয়েই গেছে খাবো এবার।" শ্রেয়া বই পত্র গোছগাছ করতে করতে বলে।

-"আচ্ছা রাত্রে call করবো আজ।" রক্তিম বলে।

-"ওকে,করবে।আচ্ছা আমি যাই খেয়ে নি।"

-"হ্যাঁ যা,আমিও খেয়ে নি।"

খেতে বসে রক্তিম আজ অনেক কথা বললো বাবা মায়ের সাথে।

রক্তিমের বাবা মাও বুঝলেন রক্তিম এখন আর সেই মুষড়ে পড়ে নেই।চেষ্টা করছে আগের মত প্রাণোচ্ছল হওয়ার।আর হয়ে যাবে শীঘ্রই।

রাতে রুমে এসে রক্তিম শ্রেয়া কে call করে,তখন বাজে 11 টার কাছাকাছি।প্রথম বারে শ্রেয়া ফোন তোলেনি,বাথ রুমে ছিল।

রুমে এসে দেখে রক্তিমের তিনটে মিসড কল।ঘুরিয়ে করতেই ফোন তোলে রক্তিম।

-"একটু ওয়েট করো,আমি ড্রেস চেঞ্জ করবো আর আসবো।তার পরেই call করছি তোমায়।" রক্তিমকে কিছু বলার সুযোগ না দিয়েই ফোন টা কেটে দেয় শ্রেয়া।

হেসে উঠে রক্তিম।কতটা ছটপটে মেয়েটা।ফেইসবুক টা ওপেন করে নিউজ ফিড চেক করতে থাকে রক্তিম।হঠাৎ তৃষার প্রোফাইল টা চোখে পড়ে।

বিশেষ তেমন কিছু না,তৃষা ওর বর্তমান প্রেমিকের সাথে ছবি পোস্ট করেছে।খুব ধাক্কা না লাগলেও রোক্তিমের মন টা একটু খারাপ হয়ে গেল।

শ্রেয়ার ফোন আসে তখনই,"বলো এবারে কি করছো!" শ্রেয়া জিজ্ঞেস করে।

-"না তেমন কিছু না।" একটু ধীরে কথাটা বলে রক্তিম।শ্রেয়া রক্তিমের গলার স্বরেই বুঝে নেয়!

-"কি হয়েছে আবার!মন টা খারাপ হয়ে গেল কেন,এই তো ঠিক ঠাক ছিল সব।" শ্রেয়া উদ্বিগ্ন হয়ে বলে।

-"তৃষার প্রোফাইলে দেখলাম ও নিজের বর্তমান প্রেমিকের সাথে ছবি আপলোড করেছে।" রক্তিম নিঃসঙ্কোচে বলে ফেলে।

অন্য সময় হলে হয়তো পারতোনা,কিন্তু এখন! এখন ওর একটা মানুষের প্রয়োজন যে ওকে বুঝবে।ওকে বোঝাবে,ওর কষ্টের ভাগ নেবে। আর হয়তো শ্রেয়াই সেই জন,তাই বলে ফেললো রক্তিম।

-"ওর কিছু করা তোমাকে এখনো ভাবায়!" শ্রেয়ার স্বরে নিজেই হেরে যাওয়ার মূর্ছা যাওয়া ভাব।

-"না!আমার কাছে তুই'ই সব আছিস আর থাকবিও।"

ব্যাস!এই একটা কথা'ই যথেষ্ট ছিল শ্রেয়ার চেপে রাখা কষ্টটা বের করে ফেলার জন্য।সমস্ত রাগ অভিমান ফোনেই উগরে দেয় শ্রেয়া।

রক্তিম হুট করে উঠে বসে,"আরে আরে আরে! কাঁদছিস কেন! সরি বাবা।আমি তোকে কাঁদাতে চাইনি রে,সরি।" বলেই রক্তিম মুখ বেজার করে ফেলে।

-"ভালোবাসি তোমায় খুব!মারবো এক থাবড়া উল্টা পাল্টা বকলে।"

এটাই শ্রেয়া বললো সেটা রক্তিম বুঝেছে,কিন্তু একটু মজা করে রক্তিম বলে,"আরে কি বলছিস,কিচ্ছু বুঝতে পারলাম না।কেমন পেত্নীর মত লাগলো গলা টা।"

শ্রেয়া রেগে যায়, কান্না থামিয়ে,"আআ" বলে ওঠে চেপে।ধীরে।

-"আরে আরে কি হলো?" রক্তিম হাসতে হাসতে জিজ্ঞেস করে।

-"কই কিছু না তো।" শ্রেয়া অভিমানী কণ্ঠে বলে।

-"আচ্ছা!তাহলে ফোন রাখি?" রক্তিম জিজ্ঞেস করে।

শ্রেয়া কিছু বলেনা উত্তরে,গুম মেরে থাকে।

-"কি হলো,কেটে দিই?" রক্তিম হাসি চেপে গম্ভীর মুখে বলে।

-"একবার কেটে দেখো,কাল যদি তোমাকে জ্যান্ত না পুতেদি।"

রক্তিম তো হাসতে হাসতেই শেষ।শ্রেয়ার কান্ড দেখে ও হাসি থামাতে পারছে না।

রক্তিমের হাসির শব্দে ও বুঝতে পারে ও রেগে গিয়ে কি বলেছে,শ্রেয়া নিজেও হেসে ফেলে এটা ভেবে।

সেদিন রাতে আর বিশেষ কথা বলেনি ওরা,ঘুমিয়ে গিয়েছিল দুজনেই।দুজনেরই পড়ার চাপ।

সকালে উঠেই ভয়েস ম্যাসেজে রক্তিম শ্রেয়াকে 'সু প্রভাত' বলে পাঠায়।

শ্রেয়া তখনও ঘুমোচ্ছে বোধহয়,এই ভেবে রক্তিম নিজে চা বানিয়ে খেয়ে নেয়।বাড়ির বাইরে বেরিয়ে উদীয়মান সূর্যের আলোয় প্রস্ফুটিত ফুলের মত নিজেকে মেলে ধরে রক্তিম।সত্যিই এ দৃশ্য যেন চোখ জুড়িয়ে দিতে পারে।

একরাশ প্রশান্তি নিয়ে বাড়ি ফেরে রক্তিম।নাহ,বিশেষ কিছু কাজ থাকেনি।যেটুকু ছিল মিটিয়ে নিয়েই রাজের বাড়ির দিকে রওনা হয় রক্তিম।

সেদিন সন্ধ্যার পর থেকে তো বিশেষ আলাপ হয়নি আর,ঘুরতে যাওয়া ও হয়নি তেমন।রাজের বাড়ি গিয়ে রাজকে সাথে নিয়ে মাঠের কাছে এসে উপস্থিত হয় রক্তিম।সামনে খোলা মাঠ, ধান ক্ষেত।শীতকালের সময় হলে আলু হতো,শুধু আলু গাছ চোখে পড়তো।

এখন রাশি রাশি ধান মাঠের সৌন্দর্যতা বজায় রেখেছে,ঢেকে রেখেছে মাতৃভূমির বুক।এ দৃশ্য কল্পনা করা সম্ভব নয়।একমাত্র যে চাক্ষুস দেখবে সেই বুঝতে পারবে,প্রকৃতি বিলাসে যে আনন্দ,সুখ সেটা আর অন্য কোথাও পাওয়া যাবে বলে মনে হয় না।

দুই বন্ধু মাঠের ধরে বসে পড়ে,খুব দুপুর হয়নি তখনো।চাষিরা সব ক্ষেতে এসে ভিড় জমাচ্ছে এবার।ওদের খাটনি শুরু সেই সকল থেকেই রাত পর্যন্ত চলে।অক্লান্ত পরিশ্রমের পরে এই ফল।

মেঘলা আবহাওয়া না হলেও ছিটে ফোটা মেঘ রয়েছে আকাশে,হয়তো সিরাস মেঘ বা অন্য কোনো ধরনের।

-"সব ঠিক ঠাক তো ভাই?" রাজ হাতের মাঝে একটা ধানের শীষ ঘোরাতে ঘোরাতে জিজ্ঞেস করে ভ্রু কুঁচকে রক্তিমের দিকে।

-"হ্যাঁ রে।শ্রেয়া সত্যিই ভালো.." পুরোটা বলার আগেই রাজ বলে,"সেটা জানি।কিন্তু আমি তোর মানসিক অবস্থার কথা বলছি।শ্রেয়ার বিষয় নিয়ে পরেও ভাবা যাবে।"

-"হ্যাঁ ভালোই আছি,বেশ!শ্রেয়াও অনেক সাহায্য করছে ট্রমা থেকে বেরিয়ে আসতে।" রক্তিম হালকা হেসে বলে।

-"ভালো,করলেই ভালো।" রাজ হেসে বলে।

-"প্রবীরের খবর কি রে ভাই?" রক্তিম রাজকে জিজ্ঞেস করে।

-"কি জানি সালা,আজকাল দেখা পাওয়া যাচ্ছে না তো ওর!" রাজ দূরে তাকিয়ে বলে।

-"ডাকবো ফোন টা করে?কি বলিস?" রক্তিম জিজ্ঞেস করে রাজ কে।

-"হ্যাঁ ডাক।কি খোঁজ খবর ওর কে জানে।পাত্তা দেয় না মালটা আজকাল।" হাসতে হাসতে বলে রাজ।

রক্তিম ফোন করে প্রবীর কে।প্রবীর ফোন তুলতেই,"আরে হতচ্ছাড়া কই তুই!দেখা সাক্ষাৎ নেই তোর।"

-"আচ্ছা কোথায় আছিস তোরা বল,যাচ্ছি।" ইতস্তত ভাবে বলে প্রবীর।

-"আড্ডার জায়গায় আছি,চলে আয় জলদি।দেরি করবিনা।" রাজ পাশ থেকে জোরে বলে।

-"আচ্ছা!" বলেই ফোন রেখে দেয় প্রবীর।

রাজ আর রক্তিম আবারও মেতে ওঠে নিজের গল্পে,খানিকক্ষণ পরেই প্রবীর এসে পৌঁছয়।

রাজ আর রক্তিমের মাঝে এসে বসে,দীর্ঘশ্বাস বেরিয়ে আসে আপনা আপনি।

-"কি রে এরকম মন মরা কেন?কি হয়েছে?" রাজ জিজ্ঞেস করে।

-"না রে কিছু না তেমন।" মাথা ঝাকিয়ে বলে প্রবীর।

-"দেখ আমাদের কাছে লুকোতে তুই পারবি..." রক্তিমের কথাটা সম্পূর্ন হওয়ার আগেই প্রবীর মুখে রুমাল চেপে ধরে।কাশতে থাকে জোরে জোরে।

সব ঠিক ছিল, কিন্তু প্রবীরের মুখে রুমাল চেপে ধরাটা সন্দেহের সৃষ্টি করে রক্তিমের মনে।

খুব দ্রুত মুখটা মুছে রুমাল টা পকেটে পুরে ফেলে প্রবীর,বোকা হাসি হাসার চেষ্টা করে।

-"ব্যাপার টা কি রে?মুখে রুমাল চাপলি কেন!" রাজ জিজ্ঞেস করে।

-"আরে না,সংক্রমণ ছড়িয়ে যাবে তাই আরকি।ঠান্ডা লেগেছে আমার।" কথাটা শুনে রক্তিমের মনে সন্দেহের সৃষ্টি হলেও চুপ করে যায়।

-"আচ্ছা" এইটুকু বলেই রক্তিম সামনের দিকে তাকিয়ে থাকে।

খানিকক্ষণ তিন জনেই চুপচাপ,প্রবীরের মুখ দেখেই বুঝেছে রক্তিম,কিছু গন্ডগোল আছেই।

নাহ,বেশিক্ষন নয়।কয়েক মিনিটের মধ্যেই প্রবীরের মুখ দিয়ে কাশির সাথে গলগল করে রক্ত বেরিয়ে আসে। বেচারা রুমাল টুকুও বের করার সময় পায়নি।

রক্তিম তো স্তব্ধ একেবারেই,রাজও 'থ'। এরকম পরিস্থিতিতে যে থাকবে সেই ভয় পেয়ে যাবে এটা স্বাভাবিক। এদিকে প্রবীরের কাশতে কাশতে নাজেহাল অবস্থা।

কোনো রকমে প্রবীরের চোখে মুখে জলের ঝাপটা দিয়ে শান্ত করা হলো। মুখে কিছুটা জল নিয়ে কুলকুচি করে মুখ টা পরিষ্কার করলো প্রবীর।

-"তোর হয়েছে টা কি?টিবি নয় তো?" রাজ জিজ্ঞেস করে।

ধাতস্থ হতে একটু সময় লাগে প্রবীরের। খানিক থেমেই বলে,"জানিনা ঠিক।রিপোর্ট কিছু আসেনি এখনো।পেলে জানাবো ভাই।"

রক্তিম এগিয়ে এসে প্রবীরের কাঁধে একটা থাবড়া মারে,"ভয় পাবিনা।আমরা আছি তো।কিচ্ছু হবে না তোর।"

একটা মানুষ নিজের এরকম পরিস্থিতিতে কি করবে সেটা খুঁজে পায় না,উল্টে নানান দুশ্চিন্তা এসে পড়ে মাথায়।কেঁদে ফেলে প্রবীর। রক্তিমকে জাপটে ধরে বলে," ভাই কি করেছি আমি!না কোনদিন নেশা করেছি আর না অন্য কিছু।খারাপ জিনিস থেকে নিজেকে শত হাত দূরে রেখেছি বারবার। তারই এই ফল!"

রক্তিম বুঝতে পারে প্রবীর সত্যিই খুব হতাশা গ্রস্ত। আপাতত মনোবল'টাই সবচেয়ে দামি ঔষধ ওর জন্য। মনোবল যদি দৃঢ় হয় তাহলে ওকে ভেঙে দেওয়ার মত কেউ নেই।

-"আরে চিন্তা করিস না।সব ঠিক হয়ে যাবে।সব কিছুরই উপায় থাকে ভাই।এই দুনিয়াতে সমস্যা সৃষ্টির আগে তার উপায় সৃষ্টি হয়।সমস্যা একটা হলে উপায় হাজারটা হয়।চিন্তা করিস না ভাই আমার।নিজের মন টা শক্ত রাখ তাহলেই তুই সুস্থ হতে বাধ্য!"

প্রবীর কান্না থামিয়ে হালকা ভাবে মাথা নাড়ে, সত্যিই!এভাবে ভেঙে পড়লে হবে না। মনটাকে শক্ত রাখতে হবে।

প্রবীর কে বাড়ি পৌঁছে দেয় রক্তিম আর রাজ।দুজনেই স্থির করে প্রবীরের মনোবল বাড়িয়ে রাখতে হবে।কোনোভাবেই ডিপ্রেশন এ যেতে দেওয়া চলবে না ওকে।মানসিক ভাবে ভেঙে পড়লে ওর শরীর ও ভেঙে পড়বে।

বাড়ি পৌঁছে বাবা-মা কে জানায় প্রবীরের বিষয়ে।সবাই আশ্বাস দেয় ও শীঘ্রই সুস্থ হয়ে যাবে।চিন্তার তেমন বিষয় নেয়।আগে রিপোর্ট আসুক,আসলে ওর হয়েছে টা কি সেটা দেখতে হবে।তার আগে কোনো সিদ্ধান্তে এসে পৌঁছানো ঠিক হবেনা।

রক্তিমের মনটা বেশ খারাপ,এত প্রিয় বন্ধুর হুট করে এরকম দশা হলে কারই বা ভালো লাগার কথা।

শ্রেয়ার সাথে বিশেষ কথা হয়নি সকাল থেকে। তাই একবার শ্রেয়াকে ফোন করে,আজকাল যেন মানসিক শান্তি রক্তিম শ্রেয়ার আশ্রয়েই খুঁজে পায়।

রক্তিমের বেশ একটা ভালো গ্রুপ আছে,সবাই রক্তিমকে বেশ মান্য করে চলে।রক্তিমের ব্যবহার আর কাজকর্মের কারণেই সবাই সাহস জুগিয়ে উঠতে পারেনা ওর বিরোধিতা করার।

শ্রেয়ার সাথে কথা বলার পরেই যেন মনটা অনেকটা হালকা হয়ে গেল,বেশ ফুরফুরে মেজাজ।বিকেলে

শ্রেয়াকে বললো নদী পাড়ে আসতে।শ্রেয়ারও রক্তিমের সাথে সময় কাটানোটা যেন অভ্যাসে পরিণত হয়েছে।এক তীব্র টান রক্তিমের প্রতি বারবার ঘিরে ধরে ওকে।ওর শারীরিক ঘ্রাণ যেটা কোনো পারফিউমের নয়।রক্তিমের উষ্ণ আলিঙ্গনে কোথাও যেন একটা নিরাপত্তার বেড়া আছে।

স্পর্শ কাতর অনুভূতি গুলো সব যেন হুটহাট জেগে ওঠে রক্তিমের স্পর্শ পেলেই।বার বার মনে হয়,একটি বার নিজের নাক ঘষে দিক ওর ঘাড়ে, কানের লতিটা কামড়ে ধরুক আবেশে,পুরুষালি ঠোঁটের ছোয়া বুলিয়ে দিক সারা গালে। নাকে নাক ঘষে ধীর স্বরে বলুক "ভালোবাসি"।তবে হয়না।মুখ ফুটে কখনোই বলতে পারেনি এগুলো শ্রেয়া,সময়ের অপেক্ষায় রয়েছে কবে রক্তিমের ভালোবাসার সবটুকু নিংড়ে নিতে পারবে।

রক্তিম দুপুরে শুয়ে শুয়ে ভাবে কিছু মুহূর্ত যেগুলো অতীতের সাথে জড়িত,কয়েকমাস আগে।তবে হ্যাঁ এটা ঠিক যে রক্তিম ওগুলো মনে করতে চায় না,বিরক্তিকর লাগে সেই একই পৃষ্ঠা উল্টে পাল্টে দেখা।মানুষজন তো ভুলে গেছে ওই অপবাদ গুলো।

স্বাভাবিক সেটাই,সমাজ ভুলে যায়।ভুলে যাওয়াই সমাজের রীতি,যা কোনোদিন বদলাবে না। আর ভালো, ওটাই ভাল নইলে কত কত মিথ্যে অপবাদ রটে বেড়াতো শহরময়।ভুলে যাওয়া ভুলতে পারা একটা মহৎ গুন বৈকি।

তৃষা'কে নিয়ে ভাবার আর কোনো ইচ্ছাই আসে না রক্তিমের মনে।অনুভূতি গুলো তো শূন্য হয়েই গেছে অনেক আগে,এখন মোহ টুকুও কাজ করেনা।শ্রেয়ার সাথে ওর কোনো মূল্যেই তুলনা করা যায় না।কারণ শ্রেয়ার তরফের বাটখারা হয়তো হাজার গুণ বড় হবে।

রক্তিম ভুলতে চায়,সব ভুলতে চায়।শ্রেয়াই একমাত্র যেন আসে ভাবনায়।অতীতের পাতা ঘেঁটে যাওয়ার কোনো ইচ্ছা নেই আর।সব নতুন ভাবে শুরু করেছে আগেই,শ্রেয়াকে কষ্ট দিতে চায় না ও আর।তৃষার ভুল গুলোর ক্ষমা করেই দিলো রক্তিম।জানেননা এটা ঠিক নাকি ভুল।জানতেও চায় না।বেশ আছে,এভাবেই চলুক নাহয়।

এক একটা অনুভূতিকে আলাদা ভাবে অনুভব করতে চায় ও,ডুবতে চায় সেই আবেগের জোয়ারে।

শ্রেয়া যে রক্তিমকে মারাত্মক ভাবে ভালোবেসে ফেলেছে সেটা রাজ বুঝেছে খুব ভালো ভাবেই।

আসলে কয়েকদিন আগে রাজের সাথে শ্রেয়ার দেখা হয়েছিল,কথা বার্তাও হয় খানিক।

রাতের দিকে --

রক্তিম ঠিক করে ও তৃষার সাথে দেখা করবে ও কথা ও বলবে,পুরোনো ব্যাপার গুলো মিটিয়ে নেবে।এতে ওর এবং শ্রেয়ার দুজনের জন্যই ভালো হবে।

তাই তৃষাকে ম্যাসেঞ্জারে ম্যাসেজ করে রক্তিম,"তৃষা তোমার সাথে আমি দেখা করতে চাই,পুরোনো ঝামেলা গুলো মিটিয়ে নেব।"

সেই রাতে আর রিপ্লাই আসেনি,শ্রেয়া কে ফোন করে রক্তিম।প্রথমে কয়েকবার রিং হয়ে কেটে যায়।

ফোন টা পাশে রেখে রক্তিম ভাবতে থাকে পুরোনো দিন গুলো,কত সুন্দর ছিল সেগুলো!যেন জীবনের বেস্ট মুহূর্ত গুলো ওই দিনগুলোতে ছিল।

প্রতিটা মুহূর্তে ছিলোনা এমন দগ্ধ করে দেওয়া যন্ত্রনা,এমন চিন্তা।তবে শ্রেয়া আসার পরে অনেকটাই কমেছে এগুলো।

পুরোনো ঘটনাটা হুট করেই মনে পড়ে গেল,"কি দোষ ছিল আমার" আবারও এই একই প্রশ্ন মাথায় চলে এলো।গলাতে অল্প ব্যথা অনুভব হলো,হয়তো কান্না চেপে রাখার ব্যাথা।

মুহূর্তেই শ্রেয়ার ফোন এলো,রক্তিম ও পাস ফিরে ফোন টা তুললো।

-"সরি,আসলে তখন নীচে ছিলাম।" আদুরে নরম স্বরে বললো শ্রেয়া।

-"আরে না ঠিক আছে।" বলতেও কেমন যেন খুব কষ্ট বোধ হলো রক্তিমের।

রক্তিমের গলা শোনা মাত্রই শ্রেয়ার ভেতরটা কেমন যেন আনচান করে উঠলো।শ্রেয়া ঠিক বুঝলো না এটা কি জন্য হলো,কিন্তু হলো।

-"এই কি হয়েছে বলো তো তোমার!আর একদম মিথ্যে বলবেনা।" শ্রেয়া উৎকণ্ঠায় জিজ্ঞেস করলো।

-"তেমন কিছু না,আমি স্থির করেছি তৃষা কে ক্ষমা করে দেব।কাল একবার দেখা করবো ওর সাথে।" রক্তিম শ্বাস টেনে বললো।

শ্রেয়ার মুখে লেগে থাকা হাসিটা খানিক মলিন হয়ে গেল,ভেতরটা মুচড়ে গেল।হারাবার ভয় নেই যদিও তবুও রক্তিমের এই কথায় শ্রেয়ার মন টা ভারী খারাপ হয়ে গেল।

কোনো মতে মিইয়ে "আচ্ছা,দেখা করে জানিও" বলেই ফোন রেখে দিলো।

রক্তিম অবাক হলো খানিক,শ্রেয়ার এইভাবে হুট করে ফোন রেখে দেওয়ায়।রক্তিম ভাবলো হয়তো শ্রেয়ার ঘুম পেয়েছে তাই রেখে দিয়েছে,কিন্তু এটা জানতো না যে এই কারণে সেই রাতে শ্রেয়া কিছু খাবেনা।আর জানবেও বা কিভাবে,রক্তিম তো তখন অন্য চিন্তায় ব্যস্ত।

রাজের কাছে একবার প্রবীরের খবর নিলো রক্তিম,জানলো এখন আপাতত ঠিক আছে।কাল রিপোর্ট আসবে প্রবীরের।

তারপর রাজ কে জানালো যে ও কাল দেখা করবে তৃষার সাথে।এতে অবশ্য রাজের আপত্তি ছিল,কিন্তু রক্তিম ওকে আশ্বাস দিলো সব ঠিক থাকার।

রাজের কল রাখতেই দেখলো তৃষার ম্যাসেজ,ওপেন করতেই দেখলো তৃষা লিখেছে,"কাল আয় ওই রেস্টুরেন্ট এ দেখা হবে।তখনই বলিস যা বলার।"

উত্তরে রক্তিম লিখলো,"আচ্ছা,দশটার সময় আসিস।"

তৃষা সিন করলো কিন্তু কোনো রিপ্লাই দিলো না।এই নিয়ে আর বেশি না ভেবে রক্তিম শুয়ে পড়লো।তবে মাথায় অনেকগুলো চিন্তা ঘুর পাক খাচ্ছে তখনো।

রাত প্রায় ১টা ,রাজের ফোনে একটা ম্যাসেজ এলো।

শ্রেয়া করেছে,লিখেছে,"রাজ,তৃষা আর রক্তিম দেখা করবে কাল।তোমাকে নিশ্চই বলেছে!আমাকে জানিও একটু,আমার বিশ্বাস তৃষা আবার কিছু গন্ডগোল করবেই।"

রাজ অবশ্য তখন ঘুমিয়ে,ও যখন ম্যাসেজ টা দেখলো তখন সকাল ৭ টা বাজে।ঝটপট শ্রেয়া কে জানিয়ে দেয় রাজ,রাজেরও সেরকমই কিছু মনে হচ্ছিল।তাই আর দেরি করেনা ও।প্রিয় বন্ধুকে বারবার ঝুঁকি তে ফেলতে রাজি নয় ও।

রক্তিম আজ একটু দেরি করেই উঠলো,শ্রেয়ার একটাও ম্যাসেজ নেই,কল নেই দেখেই কেমন একটা লাগলো।

তবে সেসব কথা বাদ দিয়ে ফ্রেশ হয়েই মায়ের কাছে গেল,"কি করছো গো মা?"

-"এই যে রান্না,আবার কি বাবা।" বলেই নিজের রান্নায় মন দেন আবার।

-"আচ্ছা করো,আমি এসে খাবো।" বলেই রুমে আসে রক্তিম।

সময় তা একবার দেখে,ঘড়িতে পারে ন'টা। তৈরি হয়ে নেয় রক্তিম।বেশি দেরি করেনা।

পৌঁছনোর পর রক্তিম দেখে তৃষা আগে থেকেই বসে আছে,রক্তিম সামনের চেয়ারে বসে।খানিকক্ষণ সব চুপচাপ,কোনো কথাই বলেনি দুজনে।

-"তোমার উপর আমার কোনো রাগ নেই তৃষা।" রক্তিম একটা দীর্ঘশ্বাস ছেড়ে বলে।

তৃষা মুখ তুলে তাকায় রক্তিমের দিকে,ঠিক কি বলবে হয়তো সেটা ঠিক করে উঠতে পারছে না।

-"আমি নিজের ভুল গুলো বুঝেছি,বুঝতে শিখেছি।" রক্তিম শান্ত গলায় বলে।

শ্রেয়া রাজ খানিকক্ষণ আগেই এসে পৌঁছেছে ওখানে।

-"তোকে ভালোবাসি রক্তিম!" তৃষা বললো।

এই কথাটা শোনার পর শ্রেয়ার মনটা পুরোপুরি ভেঙে গেল,ভাবলো হয়তো ওর ভালোবাসে ভেঙে যাবে।

রক্তিম তৃষার চোখে স্থির দৃষ্টিতে তাকালো,তারপর হালকা হেসে বললো,"ওই কথাটা তোর মুখে মানায় না জানিস।অনেক ঠুনকো লাগে!"

তৃষা এই কথাতেই হুট করে রেগে গেল,"তুই বলতে কি চাস বলতো!একেতো তোকে আমি সুযোগ দিচ্ছি তা না বাবু ভদ্রতা দেখাচ্ছে!"

রক্তিম এর উত্তরে কিছু বলেনা,কোনো প্রতিক্রিয়া আসেনা ওর তরফ থেকে।

-"আমি শ্রেয়াকে ভালোবাসি,ওকেই বাসবো আজীবন।"

এটুকু কথা যথেষ্ট ছিল,শ্রেয়া একটু দূর থেকে শুনলেও এটা ওকে একটা আলাদা অনুভূতি দেয়।

-"ভালোবাসা মাই ফুট!তুই মাগীবাজ ছিলি,আছিস,আর থাকবি।" তৃষা বেশ জোরেই বলে এটা।

আশেপাশের অনেকেই তাকায় ওর দিকে।এটা শোনার পর শ্রেয়া আর শান্ত থাকতে পারে না,রেগে এসে সপাটে দুটো চড় কষে দেয় তৃষার গালে।

তৃষা গালে হাত দিয়ে খানিক তাকায় ওর দিকে,"ওহহ তুই সেই মেয়ে!চরিত্র তো দারুন দেখছি।"

এটুকু বলার পরই রক্তিম চুপ থাকেনা,টেবিলে একটা সপাট থাবড়া মারে।

-"মেয়ে না হলে এটা তোর গালে পড়তো তৃষা!তোকে তুমি দিয়ে বলতাম,কিন্তু এর না।এগুলো আর সহ্যের

মধ্যে রইলো না।খবরদার আর দ্বিতীয়বার যদি শ্রেয়ার নামও নিজের মুখে এনেছিস!" বলেই শ্রেয়ার হাত ধরে টানতে টানতে নিয়ে আসে।

-"এরও জীবন টা শেষ করে দিস!তুই তো ওই করিস!" তৃষা চেঁচিয়ে চেঁচিয়ে বলে।

রক্তিম পেছনে না ফিরে সামনে যেতে যেতে চোখের জল টা মুছে নেয়,কামড়ে ধরে ঠোঁট টা।

শ্রেয়া কেঁদে ফেলেছে ইতিমধ্যেই,পার্কের একটা বেঞ্চে পাশাপাশি বসে আছে দুজনে।

রাজ ওখান থেকেই বাড়ি চলে গিয়েছিল তখন।

-"আমি কারোর জীবন নষ্ট করিনি শ্রেয়া,বিশ্বাস কর তুই!" কান্না চেপে রেখে রক্তিম বলে।

-"আমাকে এগুলো বলার দরকার নেই প্লিজ,আমি জানি তোমাকে।যে কেউ যা বলবে তা আমি বিশ্বাস করে নেব না। আমি তো জানি তোমার অতীত!" শ্রেয়া কাঁদতে কাঁদতে বলে।

রক্তিমের গলাটা খুব ব্যাথা করছে,চোখ গুলোও লাল হয়ে আছে।অথচ একটুও কাঁদেনি ও।শ্রেয়ার হাত হাতে নিয়ে সামনের দিকে চেয়ে বসে আছে।

মাথাতে শুধু একটাই কথা আসছে।সেটা হলো,"এরও জীবন টা শেষ করে দিস!" কান্না পাচ্ছে খুব,তবু যেন কোথাও আটকে যাচ্ছে কান্না গুলো।

হঠাৎ‘ই শ্রেয়ার হাতটা ঝাঁকিয়ে ছেড়ে দিয়ে দ্রুত ওখান থেকে চলে আসে রক্তিম।শেষমেশ কেঁদেই ফেলে রক্তিম।

পার্ক থেকে বেরোতেই অঝোরে কান্না বেরিয়ে আসে। শ্রেয়াও দৌড়ে আসে, কিন্তু রক্তিম ওকে হাত দেখিয়ে দাঁড় করিয়ে দেয়।

ঠোঁট কামড়ে কাঁদতে কাঁদতে এগিয়ে যায়,অনেকেই হা করে তাকায় ওর দিকে।কিন্তু সেটা দেখার উপলব্ধ করার অবস্থায় নেই রক্তিম!

নির্জন একটা জায়গায় আসে রক্তিম,আশেপাশে কেউই নেই। পায়ের নিচে ঘাস,বসে পড়ে।কাঁদতে থাকে একাই।

এত কষ্ট যেন আর বয়ে বেড়ানো যাচ্ছিল না। কাঁদতে কাঁদিয়ে শ্বাস ফুলে ওঠে ওর।

মাটিতে হাতে করে জোরে জোরে আঘাত করতে থাকে,চেঁচিয়ে ওঠে জোরে। চোখ মুখ ফুলে লাল কান্নার চোটে।

সমাজ টা বড্ড নিষ্ঠুর হয়!এখানে ছেলেদের কষ্টের গল্প কেউ শোনায় না!কেউ দেখায় না একটা ছেলের পরিশ্রম।তার ত্যাগ।

এখানে ছেলেদের রেপিস্ট,মোলেস্টার হিসাবেই ধরা হয়। সমাজের খাতায় ছেলেদের থাকেনা কোনো অনুভূতি,আবেগ।তারা হয় ব্যবহার্য জিনিসের

মত!ব্যবহার করো, আর কাজ শেষ হলে ছুড়ে ফেলে দাও!ব্যাস!

রক্তিম একটু ধাতস্থ হয়,নাক টানতে থাকে খানিকক্ষণ।বড় বড় শ্বাস নিয়ে হাঁপানি কমানোর চেষ্টা করে।আজ হয়তো সবটা একটু বেশিই হয়ে গিয়েছিল।ওকে বলার জন্য নয়,ও শ্রেয়াকে নষ্ট করে ফেলবে এটা ভেবেই প্রচন্ড কান্না আসছিল তখন।

শ্রেয়াকে প্রচন্ড ভালোবেসে ফেলেছে ও।এটা রক্তিম ভালোভাবেই বুঝে গেছে।

শ্রেয়া রক্তিমকে খুঁজেছিল খানিক,কিন্তু না পেয়ে ফিরে আসে।বাড়িতে এসে ডজনখানেক বার কল করে রক্তিমকে।নাহ একটা বার ও ধরেনি রক্তিম।

রক্তিম জীবনে প্রথম কাউকে দেখলো যে কাউকে এতটা ভালোবাসতে পারে।সবাই ভাবে ভালোবাসায় অভিমানই সব!কিন্তু শ্রেয়া যেন ব্যতিক্রম।ও কখনো অভিমান করেনি রক্তিমের উপর।বরং সব সহ্য করে আরও আরও ভালোবেসে গেছে রক্তিমকে।

কথায় আছে ভালোবাসতে গেলে নির্লজ্জ হতে হয়,শ্রেয়া যেন তাইই।নিজের সম্মানের তোয়াক্কা না করে রক্তিমকে ভালোবেসে গেছে।

রক্তিম সামলে যাওয়ার পর,রাস্তার কাছে ট্যাপ থেকে চোখে মুখে জল নেয়।ছায়ায় অল্প জিরিয়ে নেয়।

শ্রেয়া রক্তিমকে ফোন করার পরেই ওর বাবা রুমে আসে।প্রথমেই শ্রেয়ার মুখ দেখে বলেন,"আরে শ্রেয়া মা,কিছু হয়েছে?মুখটা অমন মলিন করে রেখেছিস কেন?"

-"না না বাবা,তেমন কিছু না।বসো বসো।"অল্প হাসার চেষ্টা করে শ্রেয়া বলে।

-"আচ্ছা শোন মা!একটা সুখবর আছে।"

-"বাহ্,তা সেটা কি বলো তো।" শ্রেয়া হেসে উত্তর দেয়।

-"আমার প্রমোশন হয়েছে রে মা,আর নিজের সেই পুরোনো বাড়ির কাছে ট্রান্সফার।" বেশ খুশি হয়ে বলেন শ্রেয়ার বাবা।

এটা শোনা মাত্রই শ্রেয়া যেন জোররকম একটা ধাক্কা খায়। ও চলে গেলে রক্তিমের কি হবে সেটা ভেবেই বুক কেঁপে ওঠে শ্রেয়ার।

-"নাহ বাবা,আমি যাবোনা।আমি এখানেই ঠাম্মা'র সাথে থাকবো।" শ্রেয়া মলিন ভাবে বলে ওঠে।

-"আরে মা সেটা কি করে হয়,এটা সম্ভব নয়।"

-"কেন সম্ভব নয় বাবা!প্লিজ একটু বোঝো।প্লিজ!" শ্রেয়া মিনতির স্বরে বললো।

-"আচ্ছা আচ্ছা,আমি দেখছি।" বেশ চিন্তার সুরে বললেন শ্রেয়ার বাবা।

-"আমাকে একটু একা থাকতে দাও।"

-"আচ্ছা,আমি দেখছি নে।" বলেই রুম থেকে বেরিয়ে যান।

শ্রেয়া ঝটপট রাজ কে ফোন করে,রাজ ফোন তুলতেই সব জানায় রাজ যে।

-"আচ্ছা আমি দেখছি,তুই চিন্তা করিস না।" রাজ আশ্বস্ত করে শ্রেয়া কে।

-"প্লিজ ওকে একটু বোঝাও রাজ।আমার পক্ষে ওকে ছেড়ে থাকা সম্ভব নয়।"

-"হ্যাঁ দেখছি বোন,দাঁড়া।তুই চিন্তা করিস না।" রাজ বলে।

-"হু" বলেই ফোন রেখে দেয় শ্রেয়া।

রাজ একটা দীর্ঘশ্বাস ছেড়ে রক্তিম কে ফোন করে,রক্তিম তখন বাড়ির দিকেই যাচ্ছিল।রাজের ফোন দেখে তুললো।

-"হতচ্ছাড়া তোর কোনো কাণ্ডজ্ঞান আছে!" রাজ জোরে বলে উঠলো।

-"কেন!কি হয়েছে?" রক্তিম খুব সাধারণ ভাবেই প্রশ্ন করে,যেন কিছুই হয়নি এমন ভাবে।

-"শ্রেয়ার বাবার ট্রান্সফার হয়ে যাচ্ছে,চলে যেতে বলছে ওকে।" এটা শোনার পরেই রক্তিমের বুকটা মুচড়ে

ওঠে।তবে ও তো চায় যাতে শ্রেয়ার ক্ষতি না হোক,তাই ভাবে এই সুযোগ টাই কাজে লাগাবে।

-"হ্যাঁ তো আমি কি করবো!" রক্তিম নিজের কষ্ট চেপে,শক্ত কন্ঠে বলে।

-"রক্তিম!এটা তুই বললি!" রাজ যেন অবাকের চরম পর্যায়ে চলে গিয়েছে তখন।

-"হ্যাঁ রে।আমিই বলছি।" রক্তিম বেশ দৃঢ় কন্ঠে বলে উঠলো।

-"নিজেকে শেষ করেই দিলি তাহলে!মরে গেলি!" রাজ রক্তিমকে বলে।

-"ফোন টা রাখছি!" বলেই ফোন তা রাখে রক্তিম।

বাড়ি গিয়ে নিজের রুমে ঢুকে যায় রক্তিম।কারোর সাথে একটা কথা ও বলেনা তখন।

রাগ টা যেন প্রচন্ড আসছে,কোনো মতেই সামাল দেওয়া যাচ্ছে না।পাশে টেবিলে একটা কাঁচের গ্লাস ছিল।মাথাটা ঝাঁকাতে থাকলো রক্তিম।

গ্লাস টা হাতের মুঠোয় নিয়ে সজোরে চাপ দিতে থাকলো,একটা সময় বেশ আওয়াজ করে গ্লাস টা হাতের মাঝেই ভেঙে গেল।

চোখ মুখ খিঁচে রক্তিম সেটাও সহ্য করলো,দেওয়ালে মাথা ঠেকিয়ে বসে রইলো।হাতের তালু রক্তারক্তি অবস্থা,কাঁচের টুকরো গুলো তালু চিরে ফেড়ে ফেলেছে।

প্রথম ব্যাথা হতে থাকলো হাতে,ওই কাঁচের টুকরো গুলোই আরো জোরে আরেকবার মুঠো করে ধরলো রক্তিম।

-"আহ" এই একটা মাত্রই শব্দ বেরিয়ে এলো মুখ থেকে।

-"বাবা এসেছিস?খাবিনা?" বলেই দরজায় টোকা মারলেন রক্তিমের মা।

অনেক তখন চোখে অন্ধকার দেখছে,মাথা একদমই ঝন ঝন করছে।অনেকটা রক্ত বেরিয়েছে তালু কেটে। তবুও যাতে মা বুঝতে না পারে তাই যত দ্রুত সম্ভব কাঁচের টুকরো গুলো বের করার চেষ্টা করে হাত থেকে।

কোনো সাড়া না পাওয়ায় মা এবারে দরজা খুলে ভেতরে আসেন।এসেই তো তার প্রাণ যেন বেরিয়ে যাবে এরকম অবস্থা। সঙ্গে সঙ্গে দৌড়ে এসে রক্তিমকে তুলে বিছানায় আনেন। ডক্টর কে কল করে ডাকেন।

খানিকক্ষণ হলো ডক্টর ফিরে গেছেন।রক্তিমের হাতে ব্যান্ডেজ। মা আর বকেননি ওকে,রক্তিম একবার বাবার দিকে দেখে।

কি বলবে ঠিক বুঝতে পারে না।

-"রেগে ছিলাম খুব।তবে বিশ্বাস করো যেটা ভাবছো সেটা করতে চাইনি।" খুব ধীরে মাথা নামিয়ে বলে রক্তিম।

-"যেদিন মন হবে কারণটা বলিস।আর এরকম কখনো করবি না।আসা করি বুঝবি।" নরম স্বরে রক্তিমের মাথায় হাত বুলিয়ে বলেন রক্তিমের বাবা।

-"একদম।" রক্তিমকে চাপ না দিয়ে ওকে একটু খুশি রাখার চেষ্টা করেন দুজনে।

রক্তিমের শরীরটা দুর্বল থাকায় কয়েকদিন বাড়ির বাইরে বেরোতে পারেনি,কড়া কড়া পেইনকিলারের চোটে ঘুম চোখে মুখে সব সময়ই লেপ্টে থাকতো।

এর মাঝে শ্রেয়া অজস্রবার ফোন করেছে,রাজ ও।তবে কারোর ফোনই তোলে নি রক্তিম।প্রবীরকে ফোন করে ওর খোঁজ নিয়েছিল রক্তিম।আপাতত প্রবীরের শরীর ভালোই আছে।

টিবিই হয়েছিল,ওষুধ নিচ্ছে।তাই প্রবীর এই বিষয়ে আর কিছু বলেনি।

রাতের দিকে শরীরটা খানিক ঝরঝরে মনে হয় রক্তিমের,কানে হেডফোন টা লাগিয়ে বাড়ির বাইরে বেরিয়ে আসে।

রাতের পরিবেশ বরাবরই খুব প্রিয় রক্তিমের।ঘাড় উঁচিয়ে আকাশের দিকে তাকায়।তাচ্ছিল্য যুক্ত একটা হাসি হাসে রক্তিম।

সিগারেট টা না খেলেও পকেটে আজীবন রাখে রক্তিম।যদিও সেটা সবার নজর এড়িয়ে।

একটা দীর্ঘশ্বাস ছেড়ে সামনের দিকে পা বাড়ায়।রাস্তায় যে লোকজন একেবারেই নেই সেটা নয়।

আছে,তবে কয়েকজন মাত্র!

কি ভেবে পকেটে হাত ঢুকিয়ে সিগারেটের প্যাকেট টা বের করে রক্তিম।এক দৃষ্টে তাকিয়ে থাকে ওটার দিকে।আজ যেন খুব মন যাচ্ছে খেতে।

আবার পকেটে হাত ঢুকিয়ে দেশলাই টা বের করে,একটা সিগারেট ঠোঁটে চেপে ধরে। জ্বালিয়ে দেয় সিগারেটের মাথা টা।

চোখ বুঝে লম্বা একটা টান দেয় সিগারেটে, খানিকক্ষণ সেটা ভরে রাখে বুকে। তারপর ছাড়তে থাকে ধীরে ধীরে।পরনে থাকা শার্টের হাতা টা গুটিয়ে নেয় কনুই অবধি।

একটা কালভাট এর উপর এসে বসে,হাত টা কালভাটের উপর রাখা,আঙুলের ফাঁকা সিগারেট।

আকাশের দিকে তাকায় রক্তিম।চোখ বুজতেই কয়েক ফোঁটা জল গড়িয়ে পড়লো গাল বেয়ে।

সেটা মুছে নিয়ে আবার টান দেয় সিগারেটে,এবারে টান দিতে দিতেই ফুঁপিয়ে ফুঁপিয়ে কান্না আসে ওর।

কাঁদতে থাকে ফুঁপিয়ে ফুঁপিয়ে।থামানোর চেষ্টা করে কান্না টা, কিন্তু পারেনা।গলা টায় প্রচন্ড ব্যাথা হয়।

হেডফোনে তখন গান চলছে,"কেউ কথা রাখেনি।"

হঠাৎ ফোন আসে শ্রেয়ার,যদিও সারাদিন'ই করে।কিন্তু রক্তিম তোলেনা।

কি মনে করে ফোন টা তুললো রক্তিম।

-"এরকম কেন করছো আমার সাথে?প্লিজ বলো আমায় প্লিজ।" শ্রেয়া বলতে বলতে কেঁদে ফেলে।

-"ভুলে যা আমায়!চলে যা।" কথা বলতে গেলেই গলাটা ব্যাথা করে উঠলো রক্তিমের।

-"প্লিজ,আমি পারছিনা আর।অন্তত একটা বার দেখা করো।প্লিজ!" শ্রেয়া কাঁদতে কাঁদতেই বললো।

-"আরে বুঝিস না তুই?কদিনের জন্য দরকার ছিল তোকে ব্যাস! কাজ মিটে গেছে।যা না এবার।আমার কান খাস না।" রক্তিম কোনোমতে কান্না চেপে বলে।

শ্রেয়ার যেন এগুলো বিশ্বাস করতে পারছেনা।

-"এটা হতেই পারেনা,আমার রক্তিম এমন নয়!প্লিজ একবার দেখা করো অন্তত।"

রক্তিম আর কিছু বলতে পারেনা।নিজের ভালোবাসার মানুষটিকে কাঁদাতে একদম ভালো লাগছেনা রক্তিমের।প্রচন্ড কষ্ট হচ্ছে।

-"আচ্ছা,আসিস।নিজের অপমান করাতে আসিস।" বলেই ফোন কেটে দেয় রক্তিম।

ফোন রাখতেই শ্রেয়া আরো কান্নায় ভেঙে পড়ে,রক্তিমের এই ব্যবহার ও মেনে নিতে পারছেনা। খুব কষ্ট হচ্ছে।কিন্তু এই কষ্টের বহিঃপ্রকাশ করতে পারছেনা ও।

রক্তিম নিজে একটু ধাতস্থ হয়ে বাড়ির পথে রওনা দেয়।চাঁদের আলো ভালোই আছে আজ। নিস্তব্ধতা টা খুব

সুন্দর লাগছে আজ।এই কষ্টটা যেন তৃষার দেওয়া কষ্টের চেয়ে বেশি!অনেক বেশি!

রাস্তার মাঝে দাঁড়িয়ে একটু জ্যোৎস্না স্নান করে নেয় রক্তিম।বেশ লাগছে।ঝিঝির ডাকে একটা আলাদা শান্তি পাচ্ছে ও।

-"মুক্ত তুই!পুরোপুরি।" মুচকি হেসে বলে রক্তিম।

চট জলদি ফোনের ফ্ল্যাশ লাইট টা অন করে দৌড়ে যায় সামনের একটা বড় গাছে।অতিপাতি খোঁজ খুঁজি করে এদিক সেদিক।

চোখে পড়ে সামনেই একটা বড় পাথর পড়ে আছে,সেটা তুলে নেয় রক্তিম।

গাছের ছাল ক্ষত বিক্ষত করে লিখে দেয়,"তুমি মুক্ত।আজীবন ভালোবেসে বেসে যাবো।নিচের ছোট্ট করে লিখে দেয় ডেট টা।

বাড়ি ফেরার জন্য এগিয়ে যায় রক্তিম,একবার পেছন ফিরে দেখে নেয় গাছটিকে।গিয়েই বিছানায় গা এলিয়ে দেয় রক্তিম। অনেক ভাবনা এলেও সেগুলোকে সরিয়ে জোর করে হাসি আনে মুখে।

ভাবতে ভাবতে কখন যে ঘুমিয়ে পড়ে সেটা বুঝতেই পারেনা রক্তিম।

শ্রেয়াও বিছানায় ঠেস দিয়ে ঘুমিয়ে পড়েছে। গালে নোনা জলের দাগ স্পষ্ট!

সকালে ঘুম থেকে ওঠে রক্তিম,বিছানাতেই বসে রয় খানিকক্ষণ।মাথায় হাত দিয়ে।

মনটা খুব খারাপ,বুকের উপর যেন কোনো বোঝা চাপানো হয়েছে,এরকম একটা চাপ লাগছে বুকে।

সামনেই জানালা,বেশ অল্পবিস্তর রোদ এসে রাঙিয়ে দিয়েছে ঘরখানা।

উঠে দাঁড়ায় জানালার সামনে,খালি গায়ে। রেলিংয়ে মাথাটা ঠেকিয়ে দেয়।চোখ গুলো বুজে রাখে।

হঠাৎ মায়ের ডাকে ধ্যান ভাঙে,"কইরে রক্তিম!খাবিনা কিছু?আয়।"

-"হ্যাঁ মা যাই।" একটা দীর্ঘশ্বাস ছেড়ে সাড়া দেয় রক্তিম।

খাওয়ার সময় একদমই কথা বলেনি ও,খাবার নিয়ে নাড়াচাড়া হলো কিন্তু খাওয়া হলো না।

ওই একটু মুখে নিয়েই উঠে গেল।কিছুতেই মন বসছে না।

রুমে এসে বিছানায় গা এলিয়ে দেয় রক্তিম।বসে থাকাটাও যেন বিরক্ত লাগছে ওর।

-"হ্যাঁ রে,কি হয়েছে?ওষুধ খেয়েছিলি?" মায়ের কথা গুলো শুনতে পেয়েও সাড়া দেয়না রক্তিম।

চুপচাপ মায়ের কোলে মাথা রেখে দেয়।মাও পরম স্নেহে হাত বুলিয়ে দেন মাথায়।

রাজ একবার ফোন করে রক্তিমকে,রিং হয়ে কেটে যায়। আবার করে,রক্তিম ফোন তোলে এইবার।

-"ভাই আবারও বলছি,নিজেকে এইভাবে মেরে ফেলিস না।"

উত্তরে কিছুই বলেনা রক্তিম।যতটা সহজ ভেবেছিল ও এটা ততটা সহজ নয়।

কিছু না বলেই ফোন টা কেটে দেয় রক্তিম।বালিশে থুতনি দিয়ে ভাবতে থাকলো দিন গুলো।

যখন রক্তিমের খুব মন খারাপ হতো,মুড সুইং হতো তখন কিভাবে শ্রেয়া ওকে শান্ত করতো।সেই মুহূর্তে সশরীরে উপস্থিত না থেকেও সব সামলে নিতো।

সব ভাবনা ঝেড়ে ফেলে দিয়ে দুপুরের দিকে শ্রেয়াকে ম্যাসেজ করে,"ঝিলের ধারে,৩টে।" ওর মতে এতটাই যথেষ্ট শ্রেয়ার জন্য।ও ঠিক বুঝে যাবে।

দুপুরটা কোনো মতে এপাশ ওপাশ করে কাটলো রক্তিমের।শ্রেয়ার ও অবস্থা একই,বরং আরও খারাপ।

দুপুর গড়িয়ে বিকেল হলো,রক্তিম তৈরি হয়ে যেই বেরোতে যাবে ঠিক তখনই লক্ষ্য করলো যেইখানে ওর গিটারটা থাকে সেইখানে নেই ওটা।

ভাবলো হয়তো অন্য কোথাও রেখেছে,পরে খুঁজবে।

ঝিলের পাড়ে যখন পৌঁছলো তখন শ্রেয়া আগেই পৌঁছে বসে আছে।একটার পর একটা ঢিল ছুড়ছে ঝিলের জলে।ওটাও সুন্দর ডুব সাঁতার দিয়ে দিচ্ছে।

রক্তিম খুব ধীরে শ্রেয়ার পাশে বসে।রক্তিম প্রথমে লক্ষ্য করেনি।পাশেই গিটার,একটা ডায়েরি।

কিছু বলেনা রক্তিম,চুপচাপ শ্রেয়ার একটা হাত নিজের হাতের মুঠোয় ধরে। আবার ছেড়েও দেয় তৎক্ষণাৎ।

-"আমি জানি তুমি কোনো কারণে বাধ্য হচ্ছ।" শ্রেয়া মিনতির স্বরে বলে।

-"তোকে কিছু সময় দরকার ছিল আমার,পুরোনো ধাক্কা সামলানোর জন্য।ব্যবহার করেছি তোকে!এটুকু বুঝিসনা?" রক্তিম রেগে বলে।

শ্রেয়া কেঁদে ফেলে,কাঁদতে কাঁদতেই বলে,"প্লিজ রক্তিম!হাত জোড় করছি এমন করোনা আমার সাথে।" শ্রেয়ার কান্না দেখে নিজেকে সামলে রাখতে কষ্ট হচ্ছিল রক্তিমের।

ঠোঁট কামড়ে ধরে ও,গলাটা ব্যাথা করে খুব।

-"কবে যাচ্ছিস?" কেঁপে ওঠে রক্তিমের গলার স্বর।

-"প্লিজ আমি মরে যাবো এভাবে,তোমাকে ছাড়া পারবোনা থাকতে আমি!" কাঁদতে কাঁদতে হেঁচকি উঠে যায় শ্রেয়ার।

-"এটা আমার উত্তর নয়,এমনিও এসবে আমার যায় আসে না।" রক্তিম অন্য পাশ ফিরে ঠোঁট কামড়ে ধরে বলে।

-"একটা বার সুযোগ দাও আমায়!কিছু ভুল করেছি?" শ্রেয়া রীতিমত রক্তিমের পা ধরতে যায়। ছিটকে সরে যায় রক্তিম।

-"প্লিইজ, বলো!কি ভুল আমার।" শ্রেয়া কান্না থামানোর চেষ্টা করে বলে।

-"কিছুনা, চলে যা এখান থেকে।নইলে আমার ভবিষ্যতের ক্ষতি হবে।আমি চাইনা আমার ফিউচার নষ্ট করতে।তুই সাথে থাকলে নষ্ট হবে সব!" আর কিছু উপায় না পেয়ে এগুলোই বলে ফেলে রক্তিম।

শ্রেয়ার কান্না থেমে যায়,আর যাইহোক ও ওর ভালোবাসার মানুষটার ক্ষতি চায় না।রক্তিম যেটাতে ভালো থাকবে ও তাতেই খুশি!হোক না তাতে কষ্ট। ক্ষতি কি!ওর ভালোবাসার মানুষটা ভালো থাকবে এর চেয়ে বেশি ও কি চায়!

-"এটা তোমার গিটার,স্ট্রিং গুলো ঠিক করে দিয়েছি।এটা আমার ডায়েরী তোমার নামে এই ডায়েরী।" হালকা হাসে শ্রেয়া।গাল বেয়ে অনবরত উষ্ণ জল গড়িয়ে চলেছে।

রক্তিম পেছনে ফিরে,শ্রেয়ার মুখশ্রী দেখে বুকটা হু-হু করে ওঠে।দুমড়ে মুচড়ে শেষ হয়ে যায় ভেতরটা।

রক্তিম নিজেকে আটকে রাখতে পারে না আর,শ্রেয়ার কাছে এসে জাপটে জড়িয়ে ধরে ওকে।শ্রেয়ার এক হাতে গিটার আরেক হাতে ডায়েরী টা।

চোখ গুলো বুজে ফেলে শ্রেয়া,রক্তিমের বুকে মুখ গুঁজে ফোঁপায় খানিকক্ষণ।তারপর নিজেকে মুক্ত করে নেয় রক্তিমের বন্ধন থেকে।

মুহূর্তেই রক্তিম আবার শ্রেয়ার কব্জি ধরে ওকে নিজের কাছে নিয়ে আসে,দুজনের শ্বাস প্রশ্বাস মিশতে থাকে।শ্রেয়ার কপালে কপাল ঠেকিয়ে দাঁড়ায় রক্তিম।

নিজের ওষ্ঠদ্বয় শ্রেয়ার কপালে চেপে ধরে,চোখ বন্ধ করে ফেলে রক্তিম।চোখ দিয়ে অনবরত নোনাজল গড়িয়ে চলেছে।

শ্রেয়া চোখ খোলার আগেই শ্রেয়ার ওষ্ঠদ্বয়ের সাথে নিজের ওষ্ঠদ্বয় মিশিয়ে দেয় রক্তিম।শুষে নিতে থাকে ওর কষ্ট গুলো।

তারপর মুহূর্তেই ছিটকে সরিয়ে আসে রক্তিম।বুঝতে পারে ও দুর্বল হয়ে পড়ছে।

-"শেষ বারের মত দিলাম,চলে যা।যে তোকে ভালোবাসা ফিরিয়ে দেবে এমন কাউকে নিজের ভালোবাসা দিস।অনেক দামি তোর ভালোবাসা।"

হাল্কা হেসে নিজের গলার থেকে একটা চেইন খুলে শ্রেয়ার গলায় পরিয়ে দেয়,"যাহ।ফিরিস না আর কখনো।" বলতে বলতে কেঁদে ফেলে রক্তিম।

কাঁদতে কাঁদতেও হাসে।

শ্রেয়া যেন বাকরুদ্ধ,চোখের জল গুলোও শুকিয়ে গেছে ওর।ডায়েরী টা তুলে নেয় রক্তিম।গিটার টা তুলে বলে,"শেষ দুলাইন শুনবি?"

শ্রেয়া একটু থেমে মাথা নাড়ে।

ওখানে বসেই রক্তিম গাওয়ার চেষ্টা করে,"আমি আর আসবোনা তোমার আঙিনায়" গানটা। কিন্তু দুটো শব্দ গাওয়ার পরেই কান্না চলে আসে,ভালো ভাবে গাইতে পারে না।কেটে কেটে ওই দুলাইন বলে। চোখ তুলে দেখে শ্রেয়া কাঁদছে।

অল্প হাসে রক্তিম।শ্রেয়ার কাছে গিয়ে বলে,"চল বাড়ি ছেড়ে দিই, সন্ধে হতে এলো।" শ্রেয়া কোনো উত্তর দেয় না। নিঃশব্দে এগিয়ে চলে। বাড়ির কাছে এসে একবার রক্তিমের দিকে তাকায়।

রক্তিমের চোখ গুলো খুব গভীর,অনেক কথা বলে।

-"পরশু চলে যাবো.." জায়গার নাম বলার আগে রক্তিম ওকে থামিয়ে দেয়।

-"বলতে হবেনা,শেষ দেখা দেখে নিলাম।এই ভালো।ভাগ্যে থাকলে আবারো দেখা হবে..বা হয়তো হবেনা।" আলতো হাসে রক্তিম।

-"হাহ্!" আকাশের দিকে তাকিয়ে একটা দীর্ঘশ্বাস ছাড়ে রক্তিম।

হুট করেই শ্রেয়া রক্তিমের কপালে ঠোঁট ছুঁইয়ে দেয়,"ভালো থেকো।আমি সব সময় তোমার সাথে থাকবো।কাঁদবে না!" ঠোঁট কামড়ে ধরে এটুকু বলেই শ্রেয়া দৌড়ে বাড়িতে ঢুকে যায়।

রক্তিম দীর্ঘশ্বাস ছেড়ে এগিয়ে চলে বাড়ির পথে।

একটা ভালোবাসা হয়তো শেষ হয়ে গেল,কিন্তু শেষের মধ্যেও যেন বিচ্ছেদ নেই।আছে একে অপরের প্রতি অগাধ সম্মান,ভালোবাসা,স্নেহ। কি হবে ভবিষ্যতে,এই ভালোবাসা কি এখানেই শেষ হয়ে যাবে।দেখা যাক।শেষ হয়েও হলো না এই ভালোবাসা।

বাড়ির বেশ খানিকটা আগে,রাজের দেখা পায় রক্তিম।তবে সেদিকে অতটা ধ্যান না দিয়ে এগিয়ে যায়।

রাজ হুট করে এসেই সপাটে একটা চড় মারে রক্তিমের গালে।বেশ ভালো রকমই লাগে রক্তিমের।

ঠোঁট কেটে রক্ত বেরহয় অল্প,তালুর উল্টো পিঠে সেটা মুছে নিয়ে আবারও এগিয়ে যায়।

পেছন পেছন যেতে থাকে রাজ,রক্তিম বাড়ির কাছে পৌঁছতেই ওকে দাঁড় করায় রাজ।

-"শোন!" রাজ বলে।

-"বল,একটু জলদি বলিস।" রক্তিম অপেক্ষা করে।

রাজ গিয়ে রাজকে জড়িয়ে ধরে কোলাকুলি করে।পিঠ চাপড়ে দেয় ওর।রক্তিম হালকা হাসে।পিঠে গিটার টা লক্ষ্য করে রাজ বলে,"ঠিক করলি কবে?"

-"আমি করিনি,ও করিয়েছিল।" রক্তিম হালকা হাসার চেষ্টা করে বলে।

-"আচ্ছা,কাল আসিস গ্রাউন্ডে।অনেকদিন সেরকম আড্ডা হয়না।" বলেই রাজ রক্তিমের কাঁধ চাপড়ে দেয়।

-"হ্যাঁ দেখছি।" খানিকটা অপ্রস্তুত হয়েই বলে রক্তিম।

বাড়িতে পৌঁছে কেমন যেন একটা ভাব আসে।বেশ অদ্ভুত রকমের,ঠিক বলে বোঝানো যায় না এরকম!

সন্ধ্যে বেলায় বই পত্র গুলো নিয়ে একটু নাড়াচাড়া করলেও কোনো মতেই মন বসাতে পারছিল না রক্তিম।

রাতে খাবার টা কোনোমতে খায়।মা-বাবার সামনে যতটা পারলো ততটা সাধারণ ভাবে থাকার চেষ্টা করলো।

রাতে রুমে এসেই গলাটা খুব ভারী হয়ে এলো,এই সময়ে শ্রেয়ার ফোন আসে।আর আবারো হয়তো শেষ বারের মত শ্রেয়া ফোন করলো।

রক্তিম তখন ফোনের স্ক্রিনের দিকে এক দৃষ্টে চেয়ে,ফুটে উঠছে একটা লেখা,"কুহকিনি।"

হ্যাঁ এই নামেই সেভ করেছিল রক্তিম,কুহকিনি অর্থাৎ যার কাছে জাদুর দ্বারা কাউকে নিজের প্রতি আকৃষ্ট

করার ক্ষমতা থাকে।শ্রেয়ার কাছেও যেন সেরকমই কিছু ছিল,হয়তো রক্তিমের জন্য।সেই জাদু!

ফোন টা তোলে ও,"সরি,এই শেষ বার করলাম।কাল থেকে তো আর এই কন্ঠস্বর টা শুনতে পাবোনা।হাহ্!" এটুকু বলেই শ্রেয়া একটা দীর্ঘশ্বাস ফেলে।

-"একটি বার আমার নাম টা ধরে ডেকে দাও,আর কখনো বিরক্ত করবোনা।" শ্রেয়া আবারও বলে।

রক্তিম কিছু বলতে পারছে না,ও সেরকম পরিস্থিতিতেই নেই।চিনচিনে একটা ব্যাথা বারংবার হচ্ছে!

তবু একটু থেমে লম্বা একটা শ্বাস নিয়ে,"কুহকিনি!" বলে।

শ্রেয়া ফোন টা কেটে দেয় তৎক্ষণাৎ। নিজের ফোন থেকে রক্তিমের নাম্বার টা ডিলেট করে দেয়।যদিও ওর মুখস্ত নাম্বার টা।

ফোনটা বিছানায় রেখে ব্যালকনি তে এসে দাঁড়ায়,আকাশের দিকে তাকিয়ে থাকে,আজও চাঁদের আলো আছে ভালো রকম।

রক্তিম হাতে ফোনটা নিয়ে একদৃষ্টে তাকিয়ে থাকে।শ্রেয়ার কন্টাক্ট টা উড়িয়ে দেয়।

যেটা ও কোনোদিন চায়নি সেটাই করতে হলো বাধ্য হয়ে।শ্রেয়ার নাম কখনোই খারাপ হতে দেবেনা ও।

-"শ্রেয়া মা!সব গুছিয়ে নিয়েছিস তো?" রুমের বাইরে থেকে শ্রেয়ার মা জিজ্ঞেস করেন।

চোখের জল মুছে শ্রেয়া উত্তর দেয়,"হ্যাঁ মা।সব ঠিক করে নিয়েছি।"

শ্রেয়ার মা বুঝতে পারেনা না যে মেয়েটা কদিন আগেও বলছিল যাবোনা সে কিভাবে নিজেই যেতে রাজি হয়ে যায়।

রাত তখন ১ টা রক্তিম তখন বিছানায় ঠেস দিয়ে বসে আছে।অনেক চেষ্টা করলো ও,কিন্তু ঠিক পারলোনা। বাবা মা কে কষ্ট দেবেনা ও।

বিছানা থেকে নেমে এসে পকেট থেকে সিগারেটের প্যাকেট টা বের করে।তার থেকে একটা সিগারেট বের করে নেয়।

আগুন দিয়ে ঠোঁটের মাঝে চেপে ধরে, কিন্তু তখনই শ্রেয়ার বলা কথা গুলো মনে পড়ে যায়,"কখনো কোনো নেশা করবেনা!নেশা করলে লাভ কিছুই হবেনা,উল্টো ক্ষতি।"

হালকা একটা হাসি খেলে যায় ওর মুখে,একবার সিগারেটের দিকে তাকিয়ে দেখে ও।কি ভেবে দুমড়ে ফেলে দেয় ওটাকে।কিন্তু ওর সাময়িক শান্তি দরকার।

গিটারটা নিয়ে বসে পড়ে বিছানায়,খুব স্লো ভাবে মিষ্টি একটা টিউন বাজিয়ে যায়।চোখের সামনে ভেসে ওঠে

সোনালী সেই স্মৃতি গুলো,শ্রেয়ার বাচ্চামো।আবার ছুট করেই বড়দের মত বকা দেওয়া।

খুব কষ্ট হয় বাজাতে,তবুও বাজিয়ে যায়।পরনে এখন যে শার্ট টা ওটা শ্রেয়ার গিফ্ট করা।ওর জন্মদিনে।

অদ্ভুত একটা জিনিস সেটা হলো শ্রেয়ার প্রিয় রং কালো,সচরাচর মেয়েদের এইরকম রং পছন্দ হয় না।

-"তোমার উপর কালোই মানায়!" শ্রেয়া মাথা দুলিয়ে দুলিয়ে বলেছিল সেদিন।

রক্তিমও নাকে নাক ঘষে বলেছিল,"আচ্ছা!তুই তো দেখি আমার থেকেও বেশি জানিস।"

-"আলবাত, কোনো সন্দেহ?" বলেই প্রাণ খুলে হেসেছিল শ্রেয়া।

শ্রেয়া এমনিই দেখতে খুব সুন্দর,তার উপর হাসলে আরও সুন্দর,মিষ্টি লাগে।

আর শ্রেয়ার গলার স্বর সবচেয়ে প্রিয় ছিল রক্তিমের।

কিছু কিছু স্মৃতি মনে পড়ে যায় রক্তিমের।খুব দারুন ছিল দিনগুলো।

গিটার বাজাতে পারেনা আর।কান্না আসে,খুব খুব কান্না।সব টুকু চেপে রাখে ও।মনে মনে দৃঢ় প্রতিজ্ঞ হয়ে যায়,নিজের হাসি কান্না সবটুকুই শ্রেয়ার আর মা-বাবার জন্য রইলো।

গিটার টা পাশে রেখে শার্ট টা খুলে দেয় রক্তিম।শার্ট টা থেকে সুন্দর মিষ্টি একটা মেয়েলি ঘ্রাণ আসছে।

শ্রেয়ার শরীরী ঘ্রাণ। যেটা খুব প্রিয় রক্তিমের।

আলমারিতে স্থান দেয় ওটাকে।আবার ফিরে এসে বিছানায় শুয়ে পড়ে।গিটারটাকে বুকে জড়িয়ে ধরে।

কিন্তু তবুও ওর আলফাজ ওর সঙ্গী।

-"আলফাজ!জানিস আমি...আমি কিছু বলতে পারছিনা রে!" রক্তিম কান্না চেপে থেমে থেমে বলে।

-"খুব কষ্ট হচ্ছে জানিস!খুব খুব!আমি বলে বোঝাতে পারছি না।" গিটারে থুতনি দিয়ে ঠোঁট কামড়ে ধরে।

"জান নিসার" গানটা গাইতে থাকে কাঁদতে কাঁদতে।

নিজের কথা গুলো প্রিয় গিটারকে বলতে থাকে রক্তিম,হয়তো বা ও বুঝবে কিছু!হয়তো ওর স্ট্রিংয়ে কষ্ট গুলো শুষে নেবে। হয়তো রডডেনড্রনের সেই মিষ্টি গন্ধ শান্তি দেবে ওকে।ওর একাকীত্বের সাক্ষী হিসাবে রইলো দেওয়াল গুলো।

গত রাতে কখন ঘুমিয়ে পড়েছিল সেটা রক্তিম নিজেই বুঝতে পারেনি।যখন চোখ খুলে তখন সকাল ।উঠেই রক্তিম ফোন চেক করে, অভ্যাসবশত।

বিছানার চাদরে আঁকা চাঁদ টার দিকে মন দিয়ে তাকায়!

তাকিয়েই থাকে একদৃষ্টে,চোখ গুলো দুহাতের তালুতে ঘষে নেয়। পিটপিটিয়ে তাকায়।

বিছানা থেকে বাথরুমে যায়,আয়নায় সামনে নিজেকে খানিকক্ষণ লক্ষ্য করে,তারপর মুখে জলের ঝাপটা নেয়।

-"রক্তিম,উঠেছিস বাবা?" বাবার ডাকে রক্তিম বেরিয়ে আসে রুম থেকে।মুখে একটা চওড়া হাসি রেখে বলে,"হ্যাঁ,এইযে বাবা।একদম তৈরি!"

রক্তিমকে সকাল সকাল এইরকম ফুর্তি তে থাকতে দেখে ওনারও মন ভালো হয়ে যায়।পিঠ চাপড়ে বলেন,"ব্রেকফাস্ট করে নে এবারে।"

-"হ্যাঁ এইযে যাই।" বলেই রক্তিম গিয়ে মা কে জড়িয়ে ধরে।

ওর মা বেশ অবাক হয়ে বলেন,"বাহ রে,আজ সকাল সকাল!"

-"হুম,একদম।চটপট কিছু খেতে দাও দেখি!" খেতে বসে রক্তিম।

আশ্চর্য হয়ে গেলেন বাবা,মা দুজনেই।তবে বেশ ভালোই লাগলো ছেলের মধ্যে স্বতঃস্ফূর্ত ভাব দেখে।

কিছু খেয়েই রক্তিম ভাবে আজ একটু প্রবীরের খোঁজ নেবে।তাই যেরকম ভাবা সেরকম কাজ।চটপট হাজির হয় প্রবীরের কাছে।

প্রবীরকে দেখেই রক্তিম অবাক হয়ে যায়,ছেলেটার চেহারা টা কি হারে ভেঙেছে।যেহেতু প্রবীরের টিবি হয়েছে তাই ওর কাছে যেতে অনেকেই বারণ করলো।

কিন্তু রক্তিম সেসব কথার ভ্রুক্ষেপ করেনা।ও গিয়ে জড়িয়ে ধরলো প্রবীরকে।খোঁজ খবর নিলো।

যেহেতু সবাই প্রবীরের থেকে একটু দূরে দূরেই থাকতো,তাই রক্তিমের এভাবে জড়িয়ে ধরাটা আবার ও প্রমান করে দিলো যে বন্ধুত্বে বাধা টেকে না।

-"আচ্ছা,পরে আসবো রে।বুঝলি!" বলেই রক্তিম দ্রুত বেরিয়ে আসে।কারণ ও জানতো শ্রেয়ার কথা প্রবীর জিজ্ঞেস করবেই।

বাড়ির পথে চললো রক্তিম,ঠান্ডা বাতাস ছুঁয়ে দিতে লাগলো ওর চোখ,মুখ,ঠোঁট।শ্রেয়া হয়তো এতক্ষনে বহুদূরে,ওর নাগালের বাইরে।

হঠাৎ কি মনে হতে বাড়ি না গিয়ে জঙ্গলের পথ ধরে,ওখানে গিয়েই এদিক ওদিক লক্ষ্য করলো রক্তিম।কাউকেই চোখে পড়লো না।

নীচে ঘাসের নরম গালিচা,মাথার উপর শীতল ছায়া।

ঘাসের উপর চিত হয়ে শুয়ে আকাশের দিকে তাকিয়ে থাকে।এক সুন্দর নিস্তব্ধতা বিরাজ করছে চারিদিকে। শুধু কয়েকটা বুনো পাখির ডাক,ঘাসের মধ্যে থাকা ফড়িং গুলা এদিক সেদিক লাফিয়ে,উড়ে বেড়াচ্ছে।

মাথার উপর,সাদা হালকা মেঘ গুলো উড়ে বেড়াচ্ছে। দেখলে ঠিক যেন মনে হয় কোনো দৌড় প্রতিযোগিতা,তবে এটা একে অপরকে হারিয়ে এগিয়ে যাওয়ার নয়,এ যেন সকলকে সঙ্গে নিয়ে জেতার দৌড়!

আকাশের দিকে এক দৃষ্টে তাকিয়ে থাকে রক্তিম,দুপুর পর্যন্ত নির্জনেই কাটায়।বাড়ির কথা মাথায় আসতেই মনে পড়ে বাবা মা নিশ্চই চিন্তা করছে।তাই দেরি না করে দ্রুত বাড়ি পৌঁছয়।

কিন্তু ব্যাপার টা হলো বাড়ি গিয়ে ও দেখে খুব একটা দেরি হয়নি,মা-বাবা কেউই তেমন কিছু বলেনি।

অথচ এইটুকু সময়টা অনেক বড় মনে হলো ওর কাছে,অদ্ভুত!

বাড়ি ঢোকার আগেই মুখে হাসিটা লেপ্টে নিয়েছে রক্তিম।খুব সুপটু ভাবে,কারোর কোনো সন্দেহ হতেই পারে না।

বিকেলে রাজ ফোন করে ডাকে রক্তিমকে,জঙ্গলেই।তবে অনেকেই আড্ডা দেয় এই বিকেলে।বেশ সুন্দর জায়গাটা।

বাড়ি থেকে বেরোনোর সময় আলফাজ মানে ওর গিটারটিকে সাথে নিয়েই বেরিয়েছিল ও,যদিও সেটা বাড়ির কারোরই চোখে পড়েনি।

গল্প করে অনেকেই,রক্তিম চুপ চাপ শোনে।তেমন কিছু বলেনা,ওই কথার মাঝে যেটুকু হু-হ্যাঁ এটুকুই।

তারপর এক সময় রাজ বলে,"রক্তিম এই সময় একটা গান কর না।বেশ লাগবে এই সন্ধ্যা হওয়ার সময়ে!"

-"না না ভাই,গান পারবোনা।তোরা বললি বলে তবু আলফাজ কে সঙ্গে আনলাম।" রক্তিম হালকা হেসে বলে।

-"আরে হবে হবে কর।" অনেকেই বললো বারংবার।

-"আরে বা* ছাড় তো,ওর প্রেমিকাদের চক্কর তে ব্যস্ত ও।ভাই এত গুলোর সাথে খেলেও মন পোষাতে পারলি না?" মাঝ থেকেই কেউ একজন ইয়ার্কি করে বললো।

রক্তিম হালকা ভাবে তাকালো ওর দিকে,তবে কিছু করলো না।কিছু বললো না দেখেই সেই সুযোগে আরেকজন বললো,"ভাই এবারের টা কেমন ছিল?খাসা না?" বলেই বিশ্রী ভাবে হাসতে থাকে।

রাজ কি বলবে খুঁজে পায় না ওখানে।বাকিদের চুপ করতে বলে।

রক্তিম মাথাটা নামিয়ে নেয়।ও কি সত্যিই শ্রেয়াকে নিয়ে খেললো! এই একটা কথাই বারবার কানে বাজতে থাকলো।

-"কিরে ভাই,আমাদের ও ঐরকম কয়েকটা জোগাড় করে দে ভাই।" বলেই হাসতে থাকে আবারও।

এইবার রক্তিম রেগে গিয়ে প্রচন্ড জোরে একটা চড় মারে ছেলেটার গালে।সঙ্গে সঙ্গেই ওর ছেলেটার একটা বন্ধু রক্তিমের নাক বরাবর একটা ঘুষি মেরে দেয়।

প্রচন্ড ব্যাথায় ছিটকে যায় রক্তিম।আরেকজন এসে রক্তিমের পিঠ বরাবর এক লাথি দেয়।

ব্যাথায় গুটিয়ে যায় রক্তিম,রাজ ওকে ওখান থেকে সরিয়ে নিয়ে আসে।নাক ফেটে রক্ত পড়ছে রক্তিমের।

রুমালে মুছে নেয় ওটা। খানিকক্ষণ বসে থাকে ও,পিঠটাবেশ ব্যাথা করছে।একটু জোরে শ্বাস নিলেই লাগছে।

খানিকক্ষণ পরে রক্ত পড়া বন্ধ হতেই রক্তিম উঠে পড়ে।গিটার টাও নেয় সাথে।রাজ কিছু বলতে গেলে ওকে ধাক্কা দিয়ে হেটে চলে সামনের দিকে। বাড়ি ফিরতে গেলে পথে একটা নদী আসে,সচরাচর ফাঁকাই থাকে ওখান টা।আজও তার অন্যথা হয় না।

রক্তিম এসে নদীর বাঁধানো পাড়ে বসে পড়ে।পাশে গিটার টা। নাকটা ব্যাথা করছে খুব,পিঠ৭ টাও।

-"বারবার!বারবার বিনা দোষে এসব শুনতে হয় আমায়।এবারে সত্যিই মনে হচ্ছে কিছু করেছি আমি,নইলে সবাই বলতো না।হাঁপিয়ে গেছি ভগবান,পারছি না।এই গুলো শুনতে ভালো লাগে না আমার।" নিজের উপর বিরক্ত হয়ে বলে রক্তিম।

কান্না পাচ্ছিল,কিন্তু ও কাঁদবেনা।অনেক কষ্টে জোর করে কান্না টা চেপে রাখে।

মনে মনে ঠিক করে বদলে যাবে,নিজেকে পুরোপুরি বদলাবে।আলাদা ভাবে তৈরি করবে নিজেকে।নিজের

পুরোনো সত্ত্বা নষ্ট করে রক্তিমকে নতুন ভাবে গড়বে, যার উপর এসব প্রভাব ফেলতে পারবে না।

আসলেই চরিত্রহীন হয়ে দেখাবে। হবে সেই সব গুলো যেগুলোর নাম বিনা কারণে ওর সাথে জোড়া হয়েছে।নাম গুলো সার্থক করবে।

চোখের মধ্যে জমে থাকা জলটা মুছে নিয়ে উঠে দাঁড়ায়,পাশে থাকা গিটার টির দিকে তাকায়। তুলে নেয় ওটাকে।

স্ট্রিং গুলোর উপর আঙ্গুল বুলিয়ে দেয়,হাত বোলায় পুরোটাতে। কপাল ঠিকিয়ে একটা দীর্ঘ চুমু খায় গিটারটাতে।

-"বাই বাই আলফাজ।আই উইল মিস ইউ!" বলেই ওটাকে সজোরে আছাড় মারে বাঁধানো সিমেন্টের পাড়ে।

পর পর কয়েকবার সজোরে আছাড় মারে,কেঁদে ফেলে নিজের সবচেয়ে প্রিয় জিনিসটাকে ভাঙতে গিয়ে।আরো,আরও জোরে ওটাতে আছাড় মারে।ভেঙে টুকরো টুকরো করে দেয়,হাঁটুর উপর ভর দিয়ে বসে পড়ে রক্তিম।

সামনেই কয়েকটা টুকরো গিটারের,একটা তুলে নেয়।চোখে ঠিকিয়ে রাখে,চুমু খায়। তারপর সব গুলো একসাথে করে জলে ফেলে দেয়।

চোখের সামনে কয়েক মুহূর্তেই আলফাজ শেষ হয়ে যায়।শেষ করে দেয় রক্তিম।আর বেশি না ভেবে বাড়ির

পথে রওনা হয়। তবে কাঁধে পিঠে একটা অদ্ভুত অনুভূতি,মনে হচ্ছে গিটার যেন এখনো ঝুলছে কাঁধেই...!

বাড়ি এসে পিঠে একটু গরম জলোর সেঁক নেয়,তবে সেটা সবার অলক্ষ্যে।বেশ লাল হয়ে গেছে পিঠ টা।

রাতে খাওয়ার পর রুমে এসে রক্তিম মোবাইল টা তুলে নেয়।গ্যালারি খুলে দেখতে থাকে ওর সাথে শ্রেয়ার ছবি গুলো।রাজের সাথে ইয়ার্কি,মারপিট। প্রবীরের সেই ফাজলামো।

আজ আর বই এ হাত দেয়না রক্তিম, মন যেন বসছেই না।ভাবলো একটু গিটার টা বাজাবে। চটজলদি উঠতে গিয়েই মনে পড়লো আলফাজ কে ও ভেঙে ফেলেছে।

নিজের সবচেয়ে প্রিয় জিনিস,খুব বেশি রক্তিম ওটাকে খুব বেশিই ভালোবাসতো।

"মনটা আমার ভীষণ খারাপ চার দেয়ালে বন্দী,

ইচ্ছা নেই করতে নতুন ভালো থাকার ফন্দি।।"

গানটা গাওয়ার চেষ্টা করলো,কিন্তু না!আলফাজ ছাড়া সেটাও অপূর্ন।

মেঝে তে বসে পড়ে রক্তিম।সামনে থাকা বড় আয়নাটার দিকে তাকিয়ে থাকে।অনেক গুলো প্রশ্ন আসে মনে!

"নিশ্চই আমার কিছু ভুল ছিল,নইলে সবাই কেন বলবে এরকম!ভালো করেছি শ্রেয়া কে দূরে করে দিয়ে!ও

ভালোই থাকবে..আর..আর আমিও!" কথাটা বলেই মাথাটা নাড়ায় ও। নিজের মনে মনে ভাবে।

-"আমি রাখতে পারলাম না তোর কথা,হারিয়ে দিলো সবাই মিলে আমাকে!" হালকা হেসে বলে রক্তিম।

জানালার কাছে এসে দাঁড়ায়,একটা সিগারেট আঙুলের ফাঁকে চেপে ধরে।ওতে টান ও দেয়,তবে আগুন ছাড়াই।আর যাইহোক শ্রেয়ার এই কথাটা অন্তত ও রাখবে।

হঠাৎ মনে পড়লো শ্রেয়ার সেই ডায়েরীর কথা!

চটপট ড্রয়ার খুলে বের করে ওটা।

খানিকক্ষণ তাকিয়ে থেকে প্রথম পাতা ওল্টায় রক্তিম।

প্রথমেই লেখা,"আমি তো চেয়েছিলাম তুমি আমার এই খালি ডায়েরীটা ভরে দাও!কিন্তু..." আর দেখেনা রক্তিম।এটুকুতেই মন টা শূন্যতায় ভরে যায়।

ডায়েরীটা বন্ধ করে রেখে দেয়।দেখতে দেখতে রাত অনেকটাই হয়,তবে রক্তিমের চোখে ঘুম নেই।

কিরকম একটা অস্থির ভাব।এপাশ ওপাশ করতে করতেই ভোর হয়ে যায়।তখনও চোখ আধবোজা।

আর ভালো লাগেনা ওর,বাইরের আওয়াজে বুঝতে পারে প্রচন্ড জোরে মেঘ ডাকছে।বৃষ্টি নামবে হয়তো।

উঠে বসে রক্তিম, ধীর পায়ে বাইরে বেরিয়ে আসে।কয়েক মুহূর্তেই মুষলধারে বৃষ্টি শুরু হয়।অন্য সময় হলে হয়তো রক্তিম ভিজতো না। কিন্তু আজ হঠাৎ কি মন হলো ভিজতে।তাই ওখানেই দাঁড়িয়ে থাকে ও।খালি গায়ের উপর বৃষ্টির ফোঁটা গুলো এসে ধাক্কা খায়,আর বিক্ষিপ্ত হয়ে পড়ে এদিকে ওদিকে।

আকাশের দিকে তাকায় রক্তিম, ঘন কালো মেঘে বিদ্যুতের ঝলকানি চোখ কাড়ায়।একটা ফোটা এসে রক্তিমের নাকের ডগায় পড়ে, আনমনে হেসে দেয় রক্তিম।বেশ সুন্দর লাগলো তো!

"আমি লুকিয়ে পারি না আর,

তুমি বৃষ্টি হয়ে পড়ো!

আমি এক অদ্ভুত অসুখ,

তুমি পাতাঝরা হয়ে ঝরো।।"

বৃষ্টির ফোটা নিজের শরীরে মেখে রক্তিম বলে।

-"পারছি রে!আমি পারছি,তোকে অনুভব করতে পারছি।" বলেই মুক্ত বাতাসে একটা লম্বা শ্বাস নেই।

এই স্নিগ্ধ বাতাস যেন হৃদয় ধুয়ে দেয়।তরতাজা অনুভূতির যোগান দেয়!প্রেম মাখা বাতাস যেন বারবার ছুঁয়ে দিয়ে যাচ্ছে ওকে,আর সেই বাতাসে হুবহু একই সুগন্ধি!এ সুগন্ধি যে ওর বড়োই চেনা।

খুব কাছ থেকে অনুভব করেছে এগুলো।চোখ খুলতেই দেখলো বৃষ্টি থামছে ধীরে ধীরে! পেছন ফিরতেই রক্তিম দেখলো সূর্যোদয় হচ্ছে।

মেঘ গুলো যেন পালিয়ে যেতে চাইছে,ওদের কাজ শেষ!দু হাত মেলে নিজের শরীরে সূর্যরশ্মি মেখে নেয় খানিক।

এ যেন এক আলাদাই অনুভূতি।রক্তিম ঠিক করলো এবারে ও প্রতিদিন সূর্যোদয় দেখবে।ওকে এক আলাদা রকমের শক্তির যোগান দিচ্ছে এগুলো।

নতুন করে বাঁচার উদ্যম,নতুনত্বের পরিচয়।এক আলাদা সকালের ডাক। যে ডাক'কে উপেক্ষা করা যায় না।

হাঁচির কারণে ধ্যান ভাঙে রক্তিমের,হাঁচতে হাঁচতে গিয়ে ড্রেস চেঞ্জ করে নেয় ও। জামা পরে আয়নার সামনে দাঁড়িয়ে দেখে হেঁচে নাকের ডগা লাল হয়ে গেছে। সেটা দেখে হেসে ফেলে রক্তিম।

মন টা বেশ ভালো হয়ে গেল সকাল সকাল।ফোন টা তুলে নেয়,হাসি মুখেই রিসেট করে দেয় ফোন টা। সব স্মৃতি,সব ছবি,নাম্বার উড়িয়ে দেয় এক ঝটকায়।

ঠিক করে নেয় ও নতুন ভাবে বাঁচবে,নতুন মানুষজন দের সাথে। নতুন মানুষদের মাঝে।হয়তো সব খারাপ স্মৃতি গুলো মুছতে পারবে না,কিন্তু চেষ্টা করতে দোষ কোথায়?

-"আমাদের স্মৃতি গুলো এত সুন্দর আর এত বেশি যে সারা জীবনে ভোলার নয়!আমার জীবনে তোর জায়গা অপূরণীয় থাকবে!ভালো থাকিস,আমিও থাকবো।" বলেই একটা হাসি দেয় রক্তিম।

অদৃষ্টের উপর ছেড়ে দেয় সব,বেশি ভাবে না আর ওই নিয়ে।

-"কাকার কাছে যেতে চাই বাবা।" বাবা মায়ের কাছে এসে রক্তিম বলে।

-"আয় বোস এখানে।" নিজেদের মাঝে রক্তিমকে বসার জায়গা করে দেন দুজনে।

মুখে একটা হাসি রেখে বসে রক্তিম।বাবা রক্তিমের মাথায় হাত বুলিয়ে দেন।

-"বল কি ব্যাপার,ক-দিনের জন্য যাবি?" বাবা জিজ্ঞেস করেন।

-"কয়েক মাস পরেই ফিরে যাবো।" রক্তিম বলে।

-"আচ্ছা,কোনো বিশেষ কারণ বাবা?" রক্তিমকে জিজ্ঞেস করেন।

-"না তেমন কিছু নয়,এমনিই একটু মাইন্ড রিফ্রেশ।"

-"আ-আচ্ছা।ঠিক আছে আমি বলে দিচ্ছি।"

-"হ্যাঁ তারপর জানিও আমায়।" হেসে বলে রক্তিম।

-"হ্যাঁ হ্যাঁ, জানাচ্ছি।"

নিজের রুমে ফিরে আসে রক্তিম,তৈরি হয়ে নেয় রওনা হওয়ার জন্য।যদিও আজই নয়,তবুও।

সব গুছিয়ে নেওয়ার পর প্রবীরের বাড়ি যেতে ইচ্ছা হয় রক্তিমের,তাই যেরকম ভাবা সেরকম করা।

মা,বাবা কে বলে বেরিয়ে পড়ে।বেচারার শরীরের কি অবস্থা কে জানে।ফোনেও কথা হয়না বিশেষ।

প্রবীরের বাড়ি পৌঁছে রক্তিম প্রথমেই ওর কাছে যায়।

প্রবীরের চেহারাটা একেবারেই ভেঙে গেল,এটা ভেবেই খারাপ লাগছে ওর।

তবে বিশেষ ভেবে কিছু হবেনা,আবার সুস্থ হয়ে উঠলেই ধীরে ধীরে সব ঠিক হবে।

-"কেমন আছিস?" রক্তিম প্রবীরের পাশে বসে বলে।

-"হাহ, আছি এইতো দেখ।একদম দারুন!" বেশ তিক্ত স্বরেই বললো প্রবীর।

প্রবীরের কথা বলার ধরণে রক্তিমের খটকা লাগলো।

এভাবে কখনোই কথা বলেনা প্রবীর।

কথা বলার সময় রক্তিম খেয়াল করলো প্রবীরের হাতে কয়েকটা পুড়ে যাওয়ার দাগ।চামড়া পুড়ে যাওয়ার।

তবু চুপ থাকে রক্তিম, অবস্থাটা ঠাহর করার চেষ্টা করে।কি ঘটছে সেটা আঁচ করার চেষ্টা করলেও সফল হয়ে উঠতে পারে না।

প্রবীরের ঠোঁট গুলোও অনেক কালো হয়ে গেছে,চেইন স্মোকার দের যেরকম হয়।

কিন্তু সবথেকে বড় খটকা রক্তিমের ওখানেই লাগলো,কারণ প্রবীর কোনোরকম কোনো নেশা করেনা।

-"ভাই!সত্যি করে বলবি কি হয়েছে?" রক্তিমের হাত দুটো ধরে বলে।

প্রবীর ঝাঁকিয়ে ঝেড়ে ফেলে হাত টা, মাথা টা নামিয়ে ফেলে।

-"ভাই,আমাকে নিজের ভাই মনে করলে বলিস এটুকু অন্তত।" রক্তিম আশায় থাকে প্রবীরের কিছু বলার।

-"কি বলবো,কাকে বলবো?আমি চাইনা তোদের হারাতে।" প্রবীর রক্তিমের দিকে তাকিয়ে বলে।

-"ওটা কখনো হবে না,তুই বল।" রক্তিম প্রবীরকে আশ্বাস দেয়।

-"ভালোবাসি একজন কে!" বলেই প্রবীর মাথা নামিয়ে নেয়।

-"হ্যাঁ তো!" রক্তিম বলে।

-"সে অন্য কাউকে ভালোবাসে!" হালকা হেসে বলে প্রবীর।

-"কে সে নামটা বল।আমি তাকে বলবো।অনুরোধ করবো তাকে!তুই শুধু একবার নাম টা বল।" রক্তিম বলে।

প্রবীর কোনো উত্তর দেয় না।

-"আরে বল!" রক্তিম জিজ্ঞেস করে।

-"আরে কি বলবো!এটাই বলবো যে তোর শ্রেয়া কে ভালো বাসি?" বলার সাথে রক্তিম থমকে যায় কয়েক মুহূর্তের জন্য।

খানিক থেমে বলে,"আমার নয়।আর হ্যাঁ আমি বলবো ওকে।" রক্তিম হাসি মুখে বলে।

-"মানে?তোর নয় মানে?" প্রবীর উৎসুক হয়ে জিজ্ঞেস করে।

-"মানে আমার আর শ্রেয়ার মাঝে আর কোনো সম্পর্ক নেই।এটাই!" রক্তিম বলে।

-"তুই বললে ও শুনবে?" প্রবীর রক্তিমের দিকে এগিয়ে গিয়ে বলে।

-"সেটা জানিনা,তবে বলবো।" হাসি মুখে রক্তিম বলে।

প্রবীর কিছু বলতে পারে না আর। কিই বা বলবে? রক্তিমের ঠিক কি পরিমান কষ্ট হচ্ছে সেটা ও খানিক হলেও বুঝেছে।

-"আচ্ছা আসি হ্যাঁ" বলেই রক্তিম বেরিয়ে পড়ে।

রক্তিম কখনো ভাবেনি যে ওকে এইরকম অবস্থার সম্মুখীন হতে হবে।কষ্ট হচ্ছে বেশ। তবে করারও কিছু নেই।

তাই ঠিক করে ও শ্রেয়া কে জানাবে,প্রবীরের ব্যাপারে বলবে শ্রেয়া কে।ও বার বার বললে শ্রেয়া নিশ্চই রাজি হবে।নিজের কষ্ট গুলোকে মেরে ফেলে রক্তিম।

চোখ থেকে বেরিয়ে আসা নোনাজল টা আঙুলে করে মুছে নেয়।তবে মুখে একটা হাসি লেগেই থাকে।ও তো সব শুরু করবে নতুন করে সেই আশায়।

দুপুরে এসে জানতে পারে ওর কাকা ওকে নিজের সুবিধা মত চলে আসতে বলেছে। রক্তিম ঠিক করে ও প্রবীরকে সুস্থ করে তারপরেই যাবে।

তবে শ্রেয়ার কথাটা আবার মাথায় চলে আসে,মন টা ভার হয়ে যায়।রাজ কে ফোন করে বলে ওদের আড্ডার জায়গায় আসতে।

রাজ ও প্রায় ফাঁকা'ই ছিল,তাই রক্তিম বলাতে চলে আসে ওখানে। রক্তিম সামনের দিকে চেয়ে দাঁড়িয়ে।

-"কদিন পরে যাবো বুঝলি!" রক্তিম পিছনে না ফিরেই বলে।

-"তা বিশেষ কারণ কিছু?" রাজ বলে।

-"প্রবীর শ্রেয়া কে ভালোবাসে বুঝলি রে।" একটা দীর্ঘশ্বাস ছেড়ে রক্তিম বলে।

রাজ এটা শুনে যেন অবাকের চরম মাত্রায় অবস্থান করে।রক্তিমের কাঁধ ঝাঁকিয়ে বলে,"মানে!বলছিস টা কি তুই?"

-"যেটা শুনলি।"

-"মানে কিভাবে হয় এটা! ও কিভাবে পারলো এটা।এটা জানা সত্ত্বেও যে তুই শ্রেয়া কে অত ভালোবাসিস!" রাজ বলে।

উত্তরে কিছু বলেনা রক্তিম,বলবেই বা কি,ওরও তো কম কষ্ট হচ্ছে না।

রাজের সাথে এই বিষয়ে আর বেশি কথা না বলে ব্যাপার টা এড়িয়ে যায় রক্তিম।

সারাটা দিন কোনোভাবে পার করে ও,ঠিক করে শ্রেয়া কে রাতে ফোন করবে।

সময় পেরোতে থাকে,রাত গড়িয়ে আসে।খেতে খেতেও সারাক্ষন রক্তিম শুধুই ওই বিষয়েই ভেবেছে।

তবে সেটা কারোর নজরে পড়তে দেয়নি ও।

রুমে এসে ফোন টা হাতে নিয়ে খানিকক্ষণ বসে থাকে,বারবার ডায়েলার ওপেন করে আবার কেটে দেয়।

বেশ কয়েকবার এরকম করতে করতে মনে সাহস সঞ্চয় করে রক্তিম।শ্রেয়ার নাম্বার টা ডায়াল করে।

কল করার সাথে সাথেই ফোন তুলে নেয় শ্রেয়া,তবে কিছু বলতে পারেনা উত্তরে।স্তব্ধতা বিরাজ করে দুপ্রান্তেই।

শোনা যায় শুধু শ্বাসপ্রশ্বাসের শব্দ।

-"শ্রেয়া...আমি কিছু বলতে চাই!" রক্তিম থেমে থেমে বলে।

-"বলো!" হতাশার সুরে বলে শ্রেয়া।হয়তো ভেবেছিল রক্তিম ওর খোঁজ নেবে।

রক্তিম কথাটা বলতে গিয়েও পারে না,বুকের কোথাও একটা প্রচন্ড কষ্ট হতে থাকে।এক অদ্ভুত ধরণের অস্বস্তিতে পড়ে যায় রক্তিম।

-"আমি...বলছিলাম যে,আমি!" পুরোটা শেষ করার ক্ষমতা জুটিয়ে উঠতে পারে না রক্তিম।কেটে দেয় ফোন টা।

মাথাটা ধরে বসে পড়ে,এরকম একটা পরিস্থিতি কতটা কঠিন সেটা একমাত্র যে অনুভব করে সেই বোঝে।

ভালোবাসা শব্দ টা এত কষ্টকর এটা বুঝলে রক্তিম কখনোই ভালোবাসতোই না।উঠে বসে দেয়ালে থাকা মহাকালের ছবির নীচে দাঁড়ায়।

হাঁটুর ভরে বসে পড়ে,মাথা ঝুকিয়ে বলে,"আমাকে একটু সাহায্য করো ভগবান!এবারে যে কষ্টের মাত্রা ছাড়িয়ে যাচ্ছে,কিছু তো উপায় দাও।"

খানিকক্ষণ বসে থাকার পরে ঠিক করে ও শ্রেয়া কে বলবে।

নিজের রুমে বসে আছে প্রবীর,রাত বেশ হয়েছে তাই কেউই জেগে নেই বোধহয়।খুব বেশিই খারাপ লাগছে ওর,ও নিজে কিভাবে পারলো, নির্লজ্জ্বের মত বন্ধুর ভালোবাসাকে ওর কাছ থেকে চাইতে!

সজ্জোরে দেয়ালে একটা ঘুষি মারে প্রবীর,আঙ্গুল ফেটে রক্ত বেরিয়ে আসে ওর। এমনিই প্রচন্ড কাশি লেগেই আছে,প্রথমত শারীরিক কষ্ট তার উপর মানসিক চাপ।

সব যেন সহ্যের সীমা ছাড়িয়ে যাচ্ছে।বসে থাকতে থাকতে হঠাৎ প্রচন্ড কাশি আসে প্রবীরের মুখ থেকে একটু করে রক্ত বেরিয়ে আসে কাশির সাথে।

কাশতে কাশতে জীবন যেন বেরিয়ে যাচ্ছে এরকম অবস্থা।

সেদিন রাতে শ্রেয়াকে আর ফোন করেনি রক্তিম, হয়তো নিজের ভালোবাসা কে অন্যের হাতে তুলে দিতে অনেক সামর্থ্য লাগে যেটা তখনও ওর ছিল না।

পরের দিন সকালে রক্তিমের ঘুম খোলে রাজের ফোনে।ফোন তুলে যেটুকু শোনে রক্তিম সেটুকু মোটেও প্রত্যাশিত ছিল না।

প্রবীরের বাড়ির সামনে পৌঁছতেই লক্ষ্য করে সামনে অনেকের ভীড়।

"ব্যর্থ প্রেমিকের কাছে প্রেম চেওনা কখনো!জানো ওরা ঠিক পারেনা! ওরা খানিক ভয় পায়,সেই আবারও আগের মত করে হারাতে। তবে কি জানো,ওরা চুপিচুপি ভালোবাসতে পারে,খুব কাঁদতে পারে,ওরা কাঁদবে অথচ কেউ ধরতেও পারবে না। ওদের অনুভূতি!সেটা কল্পনার বাইরে,তবে ওদের কাছ থেকে স্বীকারোক্তি পাওয়া যায় না!"

রাজের পাশে এসে দাঁড়াতেই কপালের ঘাম শার্টের হাতায় মুছে নেয়।দরদর করে ঘামতে থাকে রক্তিম।

সামনে এগিয়ে যাওয়ার মত সামর্থ্য ওর শরীরে বা মনে কিছুতেই নেয়।

কোনরকমে রাজের কাঁধে ভর দিয়ে দাঁড়ায় ও,পা গুলো কেমন যেন অবশ হয়ে আসছে।

ঘন্টা খানেকের ব্যবধানে একটা ঘটনা কতগুলো মানুষের জীবন পাল্টে দিতে পারে।

রাজের চোখ থেকে এক ফোঁটা নোনাজল গড়িয়ে পড়ে,ও প্রবীরকে যেরকম ভেবে বসেছিল সেই ধারণাটা প্রবীর মিথ্যে প্রমান করে দিয়ে গেল।

-"চল ভাই,শেষ দেখা টা করে আসি।" রাজ অনেক কষ্টে বললো।

উত্তরে রক্তিম শুধু ওর দিকে তাকালো একবার,কিছু বলতে পারলো না।

সেদিন সবাই বুঝে নিলো প্রবীরের মৃত্যুর জন্য দায়ী ওর রোগ,তবে কেউ আসল কারণটা দেখলো না।

তিনজনের মানসিক সুতো এত নিপুণ ভাবে বাঁধা ছিল যাতে একজন কে ছিঁড়ে পড়তেই হতো।

তবে ওই যে কথায় আছে,কারোর জন্য কারোর থেমে থাকে না!সময় এগিয়ে চললো নিজের মতো।

মাস সাতেক পেরিয়েছে,সবই বদলেছে।সময় এগিয়েছে নিজের মত করে।

রক্তিম নিজের কাকার বাড়িতে,বাবা-মা ছাড়া কারোর সাথে কোনো যোগাযোগ রাখেনি।

বলা যায় রাতারাতি উবে যাওয়া।

বিকেল গড়িয়ে সন্ধ্যা হতে যায়, কালভাট এর এক প্রান্তে বসে রক্তিম।

পকেট থেকে একটা সিগারেট বের করে,জ্বালিয়ে ঠোঁটের ফাঁকে চেপে ধরে। পা গুলো ঝুলিয়ে বয়ে চলা জলের দিকে তাকিয়ে থাকে।

মুখে লেগে থাকে একটা হাসি,এখন সময় গুলো বেশ কাটে ওর। নেই কোনো বন্ধু,নেই কেউ ভালোবাসার মানুষ।

পুরোনো স্মৃতি গুলো অনেকাংশেই ভুলে গেছে।অল্প অল্প করে কিছু আনন্দের স্মৃতি জমা করছে মনে,হাসার জন্য।

-"সুমন দা একটা জায়গা যাবো,কোথায় আছো?"

রক্তিম সিগারেটের ধোয়া শূন্যে ছেড়ে জিজ্ঞেস করে।

-"এই তো রে,আড্ডায়।কেন রে?"

-"বাইক টা চায় আজকের জন্য।"

-"কোথায় আছিস,বল আমি যাচ্ছি!" সুমন রিপ্লাই করে।সুমন হলো রক্তিমের দাদার মতোই।

-"জঙ্গলের কাছে কালভাট এর কাছে চলে এসো!" বলেই কাকা কে ফোন টা করে রক্তিম।

-"হ্যাঁ রে বল,কি ব্যাপার!" রক্তিমের কাকা জিজ্ঞেস করেন।

-"আমি আজ একটা বন্ধুর বাড়ি থাকবো,কাল বাড়ি যাচ্ছি।" রক্তিম বলে।

-"আচ্ছা সাবধানে কিন্তু!"

কথা শেষ হতে হতেই সুমন চলে আসে।

ফোন রেখেই রক্তিম বলে,"তুমি চাপো তোমাকে নামিয়ে দিয়ে আমি একটু রাইডিং এ যাবো।তেল ভরা আছে?"

-"পুরো ফুল ট্যাংক আছে ভাই,তুই আয় ঘুরে।" বলেই চেপে বসে সুমন।

বাইক স্টার্ট করেই স্পীড তরতর করে বাড়াতে থাকে রক্তিম।"ভাই একটু আস্তে চালা, ভয় লাগে তো।"

-"এত ভালো একটা বাইক কিনে একটু স্পীড না দিলে আর কি করলে!" বলেই হাসে রক্তিম।

সুমন কে নামিয়ে দিয়েই জঙ্গলের হাইওয়ে ধরে এগিয়ে চলে রক্তিম। কয়েক সেকেন্ডের মধ্যেই স্পীড ১০০ ছড়িয়ে যায়।

তবে তাতে রক্তিমের একটুও ভাবনা নেই,ও আরো বেশি করে স্পীড বাড়ায়।এক্সেলেরেটর মুচড়ে দেয় পুরো,স্পীড আরো বাড়তে থাকে।

ঠান্ডা বাতাস প্রচন্ড জোরে এসে ছুঁয়ে দিতে রক্তিমকে। চোখ দিয়ে নোনাজল বেরিয়ে আসে ফোটাফোটা করে।

ওটা বাতাসের এর জন্য বেরোলো নাকি অন্য কোনো কারণে সেটা হয়তো কেউই বলতে পারবে না।

স্পীড বেড়ে একসময় ১৫৪ তে এসে দাঁড়ায়।নিজেকে খুবই হালকা মনে হয় রক্তিমের।

কেউ নেই আশেপাশে,দুধারে শুধুই জঙ্গল।আর শোঁ-শোঁ বাতাসের শব্দ।

জঙ্গলের মাঝে রাস্তার এক পাশে দাঁড়ায় ও,বসে পড়ে রাস্তায়।জীব জন্তুর কারণে বাইকের হেডলাইট টা অন রাখে।

রাত তখন প্রায় ১১ টা, রাজ,প্রবীর এদের কথা খুব মনে পড়ছে।অনেকটা করে,যেটা বলে বোঝানো যাবে না হয়তো।

আশেপাশে কাউকেই নজরে পড়ে না,দুধারে শুধু বড় বড় গাছ মাথা উঁচু করে দাঁড়িয়ে আছে। অন্ধকারে যেন ফিসফিস করে কিসব বলছে একে অপরকে।

এ যেন ওদের নিজেদের ভাষা,একান্ত গোপন কোনো কথোপকথন চলছে।

উঠে দাঁড়ায়,কানে হেডফোন গুঁজে নেয়,বাইক নিয়ে এগিয়ে চলে সামনের দিকে।

"ছিল সেই তো শেষ দেখা,জানি আসবেনা আর।

প্রতীক্ষায় কেন দাঁড়িয়ে আজও আমি তোমার!"

গানটা চলতে থাকে হেডফোনে।খোলা আকাশের নিচে ছুটতে থাকে গন্তব্যহীন ভাবে।

খানিক এগিয়ে গিয়ে হাইওয়ের পাশে একটা দোকান খোলা দেখতে পায়,চায়ের দোকান সম্ভবত।

হাইওয়ের পাশের এইসব দোকান সচরাচর সারা রাত‘ই খোলা থাকে।

পকেটে টাকা আছে বেশ,তাই দোকানের পাশে গিয়ে বাইক টা থামায়।এগিয়ে গিয়ে দেখে দোকানদার বাদে কেউই নেই,সেও ঝিমোচ্ছে।

-"ও কাকু শুনছেন!" বলতেই ধড়ফড়িয়ে লোকটি জেগে ওঠে।

-"হ্যাঁ হ্যাঁ বলো বাবা।" দোকান দার বলে।

-"দুকাপ চা দিন!" রক্তিম দোকানের সামনে রাখা বেঞ্চটাতে বসে বলে।

-"একটু অপেক্ষা করো বাবা,সময় লাগবে।" বলেই দোকানদার চায়ের জোগাড়ে লেগে পড়ে।

রক্তিম বসে বসে সামনে তাকিয়ে থাকে,অন্ধকারে।মাঝে মাঝে এক আধটা ট্রাক পেরিয়ে যাচ্ছে।

ফোন টা বের করে দেখে সময় প্রায় রাত ২ টো।এভাবে রাত কাবার করতে বেশ লাগছে ওর।

এরই মাঝে দোকানদার দুকাপ চা নিয়ে হাজির হয়।

-"এই নাও বাবা!" দোকানদার বলে।

-"এক কাপ আমাকে দিন,আরেকটা আপনার।" রক্তিম হেসে বলে।

কথাটার পরে দোকানদার খানিক অবাকই হয়।

-"আরে আপনি এই এত রাতে জেগে চা করলেন,তাই নিন!" বলেই নিজের কাপে চুমুক দেয়।

-"সবার ভাবনা যদি তোমার মত হতো বাবা!" দোকানদার একটা দীর্ঘশ্বাস ছাড়ে।

-"তা এখন চলেছ কোথায়,এত রাতে?" দোকানদার বলে।

রক্তিম খানিক চুপ থাকে তারপর বলে,"দেখি কোথায় যাওয়া যায়,এই এমনিই ঘুরতে বেরিয়েছি।"

আরো বেশ কিছুক্ষণ গল্প করে দুজনে।

-"এবারে আসি,আশা করি আবারও দেখা হবে।সাবধানে থাকবেন।দোয়া করি।"

-"সাবধানে থেকো বাবা,আল্লাহ হাফেজ।" দোকানদার বলেন।

উত্তরে রক্তিম মিষ্টি হাসে।পৃথিবীতে এরকম কত কত অচেনা মানুষ আছেন,যাদের সাথে ক্ষনিকের আলাপ হয়।তবে কিছু কিছু সুন্দর মুহূর্ত ভাগ করে নেওয়া উচিত।

আমাদের কাজই হলো পরিচিতি বানিয়ে যাওয়া,রক্তিম তো আদেও জানেনা যে ওনার সাথে ওর আর দেখা হবে কিনা।

কিন্তু দুজনেই দুজনকে মনে রাখবে,এটা বলা যায়। সাধারণের মাঝে অসাধারণ এই আলাপ গুলো মনে দাগ কেটে যায় বইকি।

ঠান্ডা বাতাসের মাঝে নিজেকে বিলিয়ে দিতে দিতে এগিয়ে চলে রক্তিম।চোখ বন্ধ হয়ে আসে শান্তিতে।

সেই দিন প্রবীরের শরীরটা ধরে অনেক কেঁদেছিল ও,খুব রেগে ছিল ওর ওপর।সব মানুষ বেঁচে শান্তি পায় না,অনেকে মরে শান্তি পেতে চায়।

অনেকের ভাবনায় মৃত্যু খুব কষ্টকর,ভয়ঙ্কর। আবার অনেকে মৃত্যু খোঁজে,হয়তো তাদের কাছে ওটাই শান্তির একমাত্র উপায়।

কেউ নিজের পুরোনো শরীর টানতে পারে না আর,সময় হয়ে আসে খোলস পাল্টানোর।

আমার অনেকে ক্লান্ত মন টানতে পারে না,তারা খোঁজে নতুন ভাবে সব। সব ভুলতে।

প্রবীরের মুখে সেই হাসিটা ছিল।তবে হ্যাঁ কিছু কিছু হাসি অন্যকেও হাসায় আবার কিছু কিছু হাসি অন্যকে কাঁদতে বাধ্য করে।

প্রবীর তখন কিরকম পরিস্থিতিতে ছিল সেটা হয়তো রক্তিম অনুভব করতে পারবে না।

যখন তুমি কাউকে খুব বেশিই ভালোবাসো,কিন্তু সে তোমাকে ভালো বাসে না সেই পরিস্থিতিতে যে পরিমান কষ্ট হয় সেটা শব্দের সাহায্যে ব্যক্ত করা যায় বলে মনে হয় না।

প্রবীর জানতো শ্রেয়া কখনোই পারবে না,হয়তো রাজি হতো কিন্তু সেটা রক্তিমের উপর রেগে,অভিমান করে।

সেখানে তিনজনের জীবন টাই দুর্বিষহ হয়ে উঠতো।শ্রেয়া কখনোই সুখী হতো না। প্রবীর সবসময় আত্মগ্লানি তে ভুগতো। আর রক্তিম! ও মুখে না বললেও ধীরে ধীরে শেষ হয়ে যেত।

তাই প্রবীর নিজেকে সরিয়ে নিলো,তবে পরিস্থিতিটা সত্যিই কঠিন ছিল।হয়তো প্রবীর ঠিকই করেছিল বা হয়তো ভুল।

হঠাৎ বাইক টা স্কিড হয়ে যাওয়ার দরুন,সামলাতে পারে না। তবে পড়ে যায় না,কোনোমতে সামলে নেয়।

একটু থেমে আবার এগিয়ে যায়,সামনেই বাসস্ট্যান্ড।

সামনে চেয়ে দেখে বাসস্ট্যান্ডে একটা মেয়ে দাঁড়িয়ে,

কাঁচুমাচু মুখ করে ওর দিকে চেয়ে দাঁড়িয়ে আছে।

ভ্রু কুঁচকে ওর দিকে তাকায় রক্তিম, হাবভাব ঠিক মনে হয়না।

রক্তিম চলেই যাচ্ছিল,কিন্তু এত রাতে একটা মেয়েকে একা ছেড়ে যেতে কোথাও যেন বাঁধলো।

পিছিয়ে এসে জিজ্ঞেস করলো,"এই ভোর বেলায় এখানে কেন!"

প্রথমে কিছু বললো না মেয়েটি,তারপর মুখ তুলে হাতে থাকা ঘড়িটা দেখলো।

-"বাস ছিল লেট হয়ে গেছে,পরীক্ষা আছে!" মুখটা কেঁদে ফেলবে এমন হয়ে যায়।

রক্তিম কি বলবে খুঁজে পায় না,খানিক ভেবে বলে,"কোথায় পরীক্ষা!"

-"ওই তো সোনামুখী তে, আপনি যেদিকে যাচ্ছেন ওদিকেই।" মেয়েটি খুব ধীরে ধীরে বলে।

-"আচ্ছা আচ্ছা বসুন,আমি ছেড়ে দিচ্ছি।" বলার পরেও মেয়েটি খানিকক্ষণ ফ্যালফ্যাল করে তাকিয়ে রইলো ওর দিকে।

-"চলে যাবো নাকি চাপবেন!" রক্তিম রেগে গিয়ে বলে।

-"হ্যাঁ হ্যাঁ এই যে,চাপছি।" বলেই মেয়েটি চেপে বসে।

রক্তিম একটু স্পীডে বাড়াতেই মেয়েটি ওর কানের কাছে ফিসফিস করে বলে,"বলছি একটু আস্তে গেলে হয়না?"

কথাটা রক্তিম ঠিকই শুনতে পেলো কিন্তু স্পীডে কোনো পরিবর্তন করলো না।

-"সোনামুখীর কোথায়?" রক্তিম জিজ্ঞেস করে।

-"সোনামুখী কলেজ,ওখানেই পড়ি।তবে পরীক্ষার দেরি আছে এখনো। তবে যাওয়ার বাস একটাই আরকি।" মেয়েটি সামনে তাকানোর চেষ্টা করে বলে।

-"ওভাবে ঝুকে ঝুকে তাকাবেন না,পড়ে গেলে তুলতে পারবো না আর।পড়ে থাকবেন।" রক্তিম সামনে তাকিয়েই বলে।

পরিচয়!পরিচিতিই হয় অপিরিচিত হয়ে যাওয়ার জন্য।পরিচয় থেমে থাকে না,ওটা দুবেলা নিয়ম করে অনেকের সাথে হয়।

বাড়ি ফিরতে বেশ সময় লাগে রক্তিমের,বাড়ি ঢুকতেই কাকীর কড়া কথা শুনতে হবে এটা বেশ ভালো ভাবেই জানে রক্তিম।

ভাবনার সাথে বাস্তবটা বড়োই মিলে যায় ওর ক্ষেত্রে,

-"এসেছেন বাবু!আসুন ফোকটের হোটেলে দুটো খেয়ে উদ্ধার করুন আমায়!" কানে ভেসে কর্কশ কথাগুলো।

মাথাটা নামিয়ে রুমে ঢোকে রক্তিম,"নিজের বাড়ি,বাবা-মা" কথাগুলো আজকাল বড়োই উপলব্ধি করতে পারে ও।

তবে আজ মন টা যেন কোনোভাবে টেকেনা,ঠিক করে কাকাকে বলবে।যথারীতি দুপুরে খাওয়ার সময় কথাটা পাড়ে রক্তিম,"আমি বাড়ি যেতে চাই বুঝলে!"

-"আচ্ছা কবে যাবি বল,ছেড়ে দিয়ে আসবো।" রক্তিমের কাকা বলে।

-"ছেড়ে দিয়ে আসবো মানে!তোমার কি নিজের কাজ নেই?ও একা চলে যেতে পারবে!"

এক মুঠো ভাত কোনোমতে গলায় ফেলেছিল রক্তিম, তবে কাকীর ব্যবহারে সেটা নামতে চাইলো না বেশ।

নিজেকে বড়োই বোঝার মত লাগছিল,অবাঞ্ছিত একখান বস্তু।

যার না আছে কোনো দাম আর না কোনো কাজ।

-"হ্যাঁ হ্যাঁ আমি চলে যাবো।আসার সময় যেভাবে এসছি।" রক্তিম হাসিমুখে বলে।

রক্তিমের কাকা কিছু বলতে গিয়েও বলতে পারে না,কারণটা স্ত্রী,উনিই তো সংসারের সব।

আসার সময় বাস থাকলেও যাওয়ার সময় বাস ধরতে সেই ৭ কিমি হেটে যেতে হবে।

কোনোমতে দুটো খেয়ে উঠে পড়ে রক্তিম।ঠিক করে আজই ফিরবে বাড়ি...

প্রায় ৪ কিমি হেটে এগিয়ে এসেছে রক্তিম,পিঠে একটা ব্যাগ আরেকটা হাতে,ঝুলছে।

তবে অনায়াসেই সেগুলো নিয়ে এগিয়ে যাচ্ছে রক্তিম,মুখে নেই কোনো হাঁপানির ছাপ না আছে বিষাদ!যেটুকু আছে সেটা হলো শুধুই আনন্দ।

মনে মনে আবছা একটা ভাবনা,বাড়ি ঢুকতেই মায়ের মুখের সেই হাসি।কতোমাস পরে দেখবে।

বাবার সাথে সেই কোলাকুলি,আনন্দের স্পর্শের মিষ্টি উচ্ছাসে চোখ যেন চিকচিক করছে রক্তিমের।

কি বিরল এই টান,যত পথ কমছে ততোই যেন আকুলতা বাড়ছে।

ভাগ্যক্রমে সময় মত বাস টা পেয়ে যায় রক্তিম,উঠে পড়ে ব্যাগ বোঁচকা নিয়ে।

জানলার ধারে খালি একটা সিট ধরে বসে পড়ে,রাস্তা ধরে বেশ বেগে ছুটে চলে বাস।সাথে রক্তিমের মন টাও ছুটছে,ছুটছে লাফাচ্ছে আরো কত কি!

পাশের সিটে যে ভদ্রলোক ছিলেন তার সাথে গল্প করতে করতে সময়টা ভালোই পেরিয়ে যায় রক্তিমের।

প্রায় তিন ঘণ্টার পরে, নানান ধকল বয়ে বাস এসে দাঁড়ায় বহু পরিচিত সেই মোড়ে।কত চায়ের আড্ডা,কত আসর এখানেই।

দিন গুনলে হয়তো কম,মোটে ৭ মাস,কিন্তু মুহূর্ত গুনলে অনেক বেশি হবে রক্তিমের কাছে। কয়েক মুহূর্ত এগুলোকে ছেড়ে থাকা অনেক কষ্টের ছিল রক্তিমের কাছে।

সেই জায়গায় ও প্রায় ৭ মাস কাটিয়েছে এগুলোকে ছেড়ে।ভালো করে একবার চোখ বুলিয়ে নেয় চারপাশে।

নাহ,তেমন কিছু বদল চোখে পড়েনা ওর।শুধু রাস্তাটা নতুন হয়েছে দেখলো।একটু এগিয়ে গিয়ে একটা হাঁটু মুড়ে,ঝুকে রাস্তায় থাকা পিচে হাত দেয়।

নাহ হাতে আসেনা কিছু।নেই সেই ধুলো নেই সেই মোরাম।ফোনে হয়তো রাস্তাটার ছবি আছে।আর সেই পুরোনো মোরামে গড়িয়ে এগিয়ে যাওয়া হবে না।

উঠে দাঁড়ায় রক্তিম,এগিয়ে চলে সামনের দিকে।এখনো হাফ কিলোমিটার যেতে হবে।দ্রুত পা চালিয়ে এগিয়ে যায়,সেই বড় বড় গাছ।

খানিক এগোতেই নিজের সবথেকে প্রিয় জায়গাটা চোখে পড়ে,নিজের বাড়ি!নিজের ঘর!

দরজা ঠেলে ভেতরে ঢোকে রক্তিম,বহু পরিচিত সেই ডাক,"কে?" মায়ের স্বর স্পষ্ট শুনতে পায় রক্তিম।

-"আমি" পুরোনো অভ্যাসে বলে ওঠে রক্তিম।বলার সাথে সাথেই মা এগিয়ে আসে,"আরে তুই?আজই?"

-"হ্যাঁ গো, আমার ভালো লাগছিলো না ওখানে।" বলেই নিজের রুমে ঢুকে শরীরটা বিছানায় এলিয়ে দেয়।

-"তা বল কেমন ঘুরলি ওখানে?" মা জিজ্ঞেস করে।

-"হ্যাঁ ভালোই,তবে এবার বাড়ি আসতে মন গেল।"

-"ভালোই করেছিস,এমনিও তোকে ছাড়া বাড়িটা বড্ড ফাঁকা ফাঁকা লাগে।" মা পাশে বসে বলে।

-"বাবা কই?" রক্তিম জিজ্ঞেস করে।

-"বাইরে গেছে,চলে আসবে।চিন্তা নেই।" মা বলে।

-"আচ্ছা ঠিক আছে,তুমি একটু খেতে দাও তো। ওখানে খেতে মন যায়নি তেমন।" রক্তিম উঠে বসে বলে।

-"আচ্ছা তুই হাত মুখ ধো, আমি আনছি।" বলেই মা রুম থেকে বেরিয়ে যায়।

অনেকমাস বাড়ি এসে দেখলো সব একই আছে,মা গুছিয়েই রেখেছে।কি মনে করে উঠে বসলো,সামনে থাকা আলমারির দিকে এগিয়ে গেল ধীর পায়ে।

বহুদিন খোলা হয়না।চাবি ঘুরিয়ে টান দিয়ে আলমারিটা খুললো রক্তিম।

উপর থেকে নিচ পর্যন্ত চোখ বুলিয়ে নিলো,সামনেই ওর শার্ট,টি-শার্ট গুলো ঝুলছে।ভালো করে সব গুলো ঘেঁটে দেখলো,কিন্তু ও যেটা খুঁজছিলো সেটা খুঁজে পেলো না।

কপালে ধীরে ধীরে ভাঁজ ফুটে উঠতে শুরু করলো,খোঁজার গতি দ্রুত থেকে দ্রুততর হতে থাকলো।

তবে কোনো ভাবেই খুঁজে পেলো না রক্তিম।

-"কি খুজছিস?" মায়ের ডাকে সম্বিত ফিরলো রক্তিমের।

-"নাহ.. কিছুনা!" এই বলেই হালকা হেসে সব জামা গুলো গোছাতে থাকলো রক্তিম।

-"সর,দেখি।" বলেই রক্তিমকে সরিয়ে,কিছু খুঁজতে থাকে। বিছানায় বসে পড়ে রক্তিম।

উঠে চলে যাওয়ার আগেই রক্তিমের হাতে একটা কালো টি-শার্ট ধরিয়ে দেয় ওর মা।

রক্তিমের ফ্যাকাশে মুখটা যেন আবার জ্বলজ্বল করে ওঠে।

-"কিন্তু তুমি এটা কোথায় পেলে?" রক্তিম ভ্রূ কুঁচকে জিজ্ঞেস করে।

-"অত জানতে হবে না,খা এখন।কিছুই তো খাস নি।" বলেই মা ওকে খাইয়ে দেয়।

-"বাবাহ, বিশাল ব্যাপার স্যাপার!" হেসে ফেলে রক্তিম।

-"তুই খাবি নাকি আমি নিয়ে চলে যাবো।"

-"আরে হ্যাঁ খাচ্ছি,আগে এটা রেখে দিই ওখানে।" বলেই জামাটা আলমারিতে রেখে দেয় আলাদা করে।

-"দাও খাইয়ে দাও এবারে,জলদি!" বলেই মায়ের সামনে বসে পড়ে রক্তিম।

-"হ্যাঁ রে,তুই বড় হচ্ছিস নাকি ছোট?" বাইরে থেকে কারোর গলার স্বর শুনতে পায় রক্তিম।স্বরটা বহু পরিচিত।

দৌড়ে রুম থেকে বেরিয়ে আসে রক্তিম,মনটা এক ঝটকায় লাফিয়ে ওঠে।

বাবা কে দেখে আনন্দে কান্না চলে আসে রক্তিমের।এই মানুষটাকে অনেক ভালোবাসে ও।

-"আরে আরে, বাচ্চা নাকি?"

-"তোমাদের কাছে আজীবনই।" বলেই হাসে রক্তিম।

-"হ্যাঁ রে সব ঠিক ছিল তো?"

-"হ্যাঁ বাবা।একদম সব।" বলেই একগাল হাসে রক্তিম।কিন্তু তাতেই কি বাবাকে বোকা বানানো যায়!

এই সাত আট মাসে অনেক কিছু ঠিক হয়েছে।ক্ষত গুলোও অনেক সেরেছে।কত মানুষের সাথে পরিচয়।কত জায়গায় ঘোরা।

জীবনটাকে আলাদা ভাবে উপলব্ধি করতে পেরেছে ও।নতুন ভাবে বাঁচতে চায় ও।গল্প থাকবে।গল্প আরো তৈরি হবে।

নিজের জীবনটা উপভোগ করবে ও।হাসি কান্না সব নিয়েই তো জীবন।কিন্তু জীবন মানে থেমে থাকা নয়।

খেতে খেতেই মা কে জড়িয়ে ধরে রক্তিম।শান্তি পায় আলাদা রকম।

রাজ কে ফোন করে,"ভাই আমি এসে গেছি!আজ দেখা হবে!"

রাজের সাথে দেখা রাতেই হয়,রাজকে একটু অন্য রকম লাগে।হতেই পারে, এতদিন থাকেনি ও।বেচারা ও একা হয়ে গেছিল।

ছাদে বেশ বাতাস দিচ্ছে,ঠান্ডা বাতাস।সমস্ত ক্লান্তি ধুয়ে দিচ্ছে। রাজ একটু হাসে।

-"ওই দেখ,মালটা হয়তো ওখান থেকে দেখছে সব।" বলেই রক্তিমের কাঁধে চাপড় মারে।রক্তিম ও হাসে,হয়তো প্রবীর ও।

আজ কোন বাধা নেই,হয়তো সবাই মুক্ত।কেউ শারীরিক ভাবে তো কেউ মানসিক।

অনেক জোনাকি আকাশে।এত ব্যর্থতার মাঝেও হয়তো জিতে যায় রক্তিম।কবিতা লিখবে, তবে সেটা ডায়েরি তে, সেটা কেউ পড়বে না ঠিকই,কিন্তু কারোর একটা অপেক্ষা থাকবে।

যে এই ব্যর্থতার গল্প গুলো সাজাবে।পূর্ণতা দেবে ওকে,হোকনা সেটা কাল্পনিক ভাবে।তাতে কি।

দু-হাত শূন্যে ছড়িয়ে দেয় রক্তিম।শুষে নেয় এই বাতাস,মাটির গন্ধ।

"আজ নেই কোন ব্যর্থতা,নেই কোন হার জিত।

শুনতে পাবে কান পাতলে,হোক না সেটা ব্যর্থতার গল্প!"

সব গল্প পূর্ণতা পায় না,অনেকের দেখা ও মেলে না জীবনে।গন্তব্য হয়ে যায় আলাদা আলাদা।

সমাপ্ত

9 789356 100473